Gotthold Ephraim Lessing

Minna von Barnhelm

oder das Soldatenglück - Lustspiel in 5 Aufz.

Gotthold Ephraim Lessing

Minna von Barnhelm
oder das Soldatenglück - Lustspiel in 5 Aufz.

ISBN/EAN: 9783742890344

Hergestellt in Europa, USA, Kanada, Australien, Japan

Cover: Foto ©Thomas Meinert / pixelio.de

Manufactured and distributed by brebook publishing software (www.brebook.com)

Gotthold Ephraim Lessing

Minna von Barnhelm

Minna von Barnhelm,
oder das
Soldatenglück.
ein Lustspiel
in fünf Aufzügen
von
Gotthold Ephraim Lessing.
Aufgeführet
auf der Kaif. Königl. privilegirten deutschen Schaubühne in Wien
Im Jahre 1767.

Gedruckt mit v. Ghelischen Schriften.

Personen.

Major von Tellheim, verabschiedet.

Minna von Barnhelm.

Graf von Bruchsal, ihr Oheim.

Francisca, ihr Mädchen.

Just, Bedienter des Majors.

Paul Werner, gewesener Wachtmeister des Majors.

Wirth.

Eine Dame in Trauer.

Ein Feldjäger.

2. Bediente.

Erster Aufzug.

Erster Auftritt.

Just. (sitzet in einem Winkel, schlummert, und redet im Traume.)

Schurke von einem Wirthe! du uns? — Frisch, Bruder! — Schlag zu, Bruder! — (er holt aus, und erwacht durch die Bewegung.) He da! schon wieder? Ich mache kein Auge zu, so schlage ich mich mit ihm herum. Hätte er nur erst die Hälfte von allen denen Schlägen. — — Doch sieh, es ist Tag! Ich muß nur bald meinen armen Herrn aufsuchen. Mit meinem Willen soll er keinen Fuß mehr in das vermaledeyte Haus setzen. Wo wird er die Nacht zugebracht haben?

Zweyter Auftritt.

Der Wirth. Just, hernach ein Jung.

Wirth. Guten Morgen, Herr Just, guten Morgen! Ey, schon so früh auf? Oder soll ich sagen: noch so spät auf?

Just. Sage er, was er will.

Wirth. Ich sage nichts als: guten Morgen; und das verdient doch wohl, daß Herr Just großen Dank, darauf sagt?

Just. Großen Dank.

Wirth. Man ist verdrüßlich, wenn man seine gehörige Ruhe nicht haben kann. Was gilts, der Herr Major ist nicht nach Hause gekommen, und er hat hier auf ihn gelauert?

Just. (Kehrt sich um, und will gehen.) Sein Diener!

Wirth. (Hält ihn.) Nicht doch, Herr Just!

Just. Nun gut; nicht sein Diener!

Wirth. Ey, Herr Just! ich will doch nicht hoffen, Herr Just, daß er noch von gestern her böse ist? Wer wird seinen Zorn über Nacht behalten?

Just. Ich; und über alle folgende Nächte.

Wirth. Ist das christlich?

Just. Eben so christlich, als einen ehrlichen Mann, der nicht gleich bezahlen kann, aus dem Hause stoßen, auf die Straße werfen.

Wirth. Pfuy, wer könnte so gottlos seyn?

Just.

Just. Ein christlicher Gastwirth. — Meinen Herrn! so einen Mann! so einen Officier!

Wirth. Den hätte ich aus dem Hause gestoßen, auf die Straße geworfen? Dazu habe ich viel zu viel Achtung für einen Officier, und viel zu viel Mitleid mit einem Abgedankten! ich habe ihm aus Noth ein ander Zimmer einräumen müßen. — Denke er nicht mehr daran, Herr Just. (Er ruft in die Scene.) Holla! — Ich wills auf andere Weise wieder gut machen. (Ein Junge kömmt.) Bring ein Gläschen; Herr Just will ein Gläschen haben, und was Gutes.

Just. Mache er sich keine Mühe, Herr Wirth. Der Tropfen soll zu Gift werden, den — doch ich will nicht schwören; ich bin noch nüchtern!

Wirth. (Zu dem Jungen, der eine Flasche Liqueur, und ein Glas bringt.) Gieb her; geh; — Nun, Herr Just; was ganz vortrefliches; stark, lieblich, gesund. (Er füllt, und reicht ihm zu.) Das kann einen überwachten Magen wieder in Ordnung bringen!

Just. Bald dürfte ich nicht! — doch warum soll ich meine Gesundheit seine Grobheit entgelten laßen? — (er nimmt, und trinkt.)

Wirth. Wohl bekomms, Herr Just!

Just. (Indem er das Glas wiederum zurückgiebt.) Nicht übel! — Aber Herr Wirth, er ist doch ein Grobian!

Wirth. Nicht doch! — geschwind noch eins; auf einem Bein ist nicht gut stehen.

Just. (nachdem er getrunken.) Das muß ich sagen: gut, sehr gut! — selbst gemacht, Herr Wirth? —

Wirth. Behüte! veritabler Danziger! ächter, doppelter Lachs!

Just. Sieht er, Herr Wirth; wenn ich heucheln könnte, so würde ich für so was heucheln; aber ich kann nicht; es muß raus: — Er ist doch ein Grobian, Herr Wirth!

Wirth. In meinem Leben hat mir das noch niemand gesagt — Noch eins, Herr Just; aller guten Dinge sind drey!

Just. Meinetwegen! (er trinkt.) Gut, wahrlich gut! — Aber auch die Wahrheit ist gut — Herr Wirth, er ist doch ein Grobian!

Wirth. Nicht noch eins, Herr Just? Eine vierfache Schnur hält desto besser.

Just. Nein, zu viel ist zu viel! und was hilfts ihm, Herr Wirth? bis auf den letzten Tropfen in der Flasche würde ich bey meiner Rede bleiben. Pfuy, Herr Wirth; so guten Danziger zu haben, und so schlechte Mores! — Einem Manne, wie meinem Herrn, der Jahr und Tag bey ihm gewohnt, von dem er schon so manchen schönen Thaler gezogen, der in seinem Leben keinen Heller schuldig geblieben ist; weil er ein paar Monate her nicht prompt bezahlt, — in der Abwesenheit das Zimmer auszuräumen!

Wirth. Da ich aber das Zimmer nothwendig brauchte? da ich voraus sah, daß der Herr

Maein Lustspiel. 7

Major es selbst gutwillig würde geräumt haben, wenn wir nur auf seine Zurückkunft hätten warten können? Sollte ich denn so eine fremde Herrschaft wieder von meiner Thüre wegfahren lassen? Und ich glaube nicht einmal, daß sie sonst wo unterkommen wäre. Die Wirthshäuser sind itzt alle stark besetzt. Sollte eine junge liebenswürdige Dame auf der Straße bleiben? Dazu ist sein Herr viel zu galant! und was verliert er denn dabey? Habe ich ihm nicht ein anders Zimmer dafür eingeräumt?

Just. Hinten an dem Taubenschlage; die Aussicht zwischen des Nachbars Feuermauren —

Wirth. Die Aussicht war wohl sehr schön, ehe sie der verzweifelte Nachbar verbaute.

Just. Herr, ich glaube gar, er vexirt uns noch oben drein? — —

Wirth. Nu, nu, Herr Just, Herr Just. —

Just. Mache er Herr Justen den Kopf nicht warm, oder —

Wirth. Ich machte ihn warm? der Danziger thuts! —

Just. Einen Officier, wie meinen Herrn! oder meynt er, daß ein abgedankter Officier nicht auch ein Officier ist, der ihm den Hals brechen kann? Warum waret ihr denn im Kriege so geschmeidig, ihr Herren Wirthe? Warum war denn da ein jeder Officier ein würdiger Mann, und jeder Soldat ein braver

Wirth. Was ereifert er sich nun, Herr Just? —

Just. Ich will mich ereifern. — —

Dritter Auftritt.

v. Tellheim. Der Wirth. Just.

v. Tellheim. (im Hereintreten.) Just!

Just. (In der Meynung, daß ihn der Wirth nenne.) So bekannt sind wir?

v. Tellh. Just!

Just. Ich dächte, ich wäre wohl Herr Just für ihn!

Wirth. (der den Major gewahr wird.) St! st! Herr, Herr Just, — seh er sich doch um; sein Herr — —

v. Tellh. Just, ich glaube, du zankst?

Wirth. O, Ihro Gnaden! zanken? da sey Gott vor! ihr unterthänigster Knecht sollte sich unterstehen, mit einem, der die Gnade hat, ihnen anzugehören, zu zanken?

Just. Wenn ich ihm doch eins auf den Katzenbuckel geben dürfte! — —

Wirth. Es ist wahr, Herr Just spricht für seinen Herrn, und ein wenig hitzig. Aber daran thut er recht; ich schätze ihn um so viel höher; ich liebe ihn darum.

Just.

ein Luſtſpiel.

Juſt. Daß ich ihm nicht die Zähne aus=
treten ſoll!

Wirth. Nur Schade, daß er ſich umſonſt
erhitzet. Denn ich bin gewiß verſichert, daß
Ihro Gnaden keine Ungnade deswegen auf
mich geworfen haben, weil — die Noth —
mich nothwendig —

v. Tellh. Schon zu viel, mein Herr! Ich bin
ihnen ſchuldig; ſie räumen mir, in meiner
Abweſenheit, das Zimmer aus; ſie müßen
bezahlt werden; ich muß wo anders unterzu=
kommen ſuchen. Sehr natürlich! —

Wirth. Wo anders? Sie wollen ausziehen,
gnädiger Herr? ich unglücklicher Mann! ich
geſchlagner Mann! nein, nimmermehr! eher
muß die Dame das Quartier wieder räumen.
Sie muß fort; ich kann ihr nicht helfen. — —

v. Tellh. Freund, nicht zwey dumme Strei=
che für einen! die Dame muß in dem Beſitze
des Zimmers bleiben. — —

Wirth. Und ihro Gnaden ſollten glauben,
daß ich aus Mißtrauen, aus Sorge für meine
Bezahlung? — — Als wenn ich nicht wüßte,
daß mich Ihro Gnaden bezahlen können, ſo
bald ſie nur wollen. — — Das verſigelte
Beutelchen, — fünfhundert Thaler Louis'dor,
ſtehet drauf, — — welches ihro Guaden in
dem Schreibpulte ſtehen gehabt; — — iſt in

nehmen, wenn er ihnen die Rechnung bezahlt hat. — —

Wirth. Wahrhaftig, ich erschrack recht, als ich das Beutelchen fand. — Ich habe immer Ihro Gnaden für einen ordentlichen und vorsichtigen Mann gehalten, der sich niemals ganz ausgiebt. — Aber dennoch, — wenn ich baar Geld in dem Schreibpult vermuthet hätte —

v. Tellh. Würden sie höflicher mit mir verfahren seyn. Ich verstehe sie. — Gehen sie nur, mein Herr; lassen sie mich; ich habe mit meinem Bedienten zu sprechen. —

Wirth. Aber gnädiger Herr —

v. Tellh. Komm Just, der Herr will nicht erlauben, daß ich dir in seinem Hause sage, was du thun sollst —

Wirth. Ich gehe ja schon, gnädiger Herr! — mein ganzes Haus ist zu ihren Diensten.

Vierter Auftritt.
v. Tellheim. Just.

Just. (der mit dem Fuße stampft, und dem Wirthe nachspuckt.
Pfui!

v. Tellh. Was giebts?

Just. Ich ersticke vor Bosheit.

v. Tellh. Das wäre soviel, als an Vollblütigkeit.

Just.

ein Lustspiel.

Juſt. Und ſie, — ſie erkenne ich nicht mehr, mein Herr. Ich ſterbe vor ihren Augen, wenn ſie nicht der Schutzengel dieſes hämiſchen, unbarmherzigen Rackers ſind! trotz Galgen, Schwerd und Rad, hätte ich ihn — hätte ich ihn mit dieſen Händen erdroßeln, mit dieſen Zähnen zerreiſſen wollen —

v. Tellh. Beſtie!

Juſt. Lieber Beſtie, als ſo ein Menſch!

v. Tellh. Was willſt du aber?

Juſt. Ich will, daß ſie es empfinden ſollen, wie ſehr man ſie beleidiget.

v. Tellh. Und dann?

Juſt. Daß ſie ſich rächten. — Nein, der Kerl iſt ihnen zu gering —

v. Tellh. Sondern, daß ich es dir auftrüge, mich zu rächen? das war vom Anfang mein Gedanke. Er hätte mich nicht wieder mit Augen ſehen, und ſeine Bezahlung aus deinen Händen empfangen ſollen. Ich weiß, daß du eine Hand voll Geld mit einer ziemlich verächtlichen Mine hinwerfen kannſt —

Juſt. So? eine vortrefliche Rache! —

v. Tellh. Aber die wir noch verſchieben müſſen. Ich habe keinen Heller baares Geld mehr; ich weiß auch keines aufzutreiben.

Juſt. Kein baares Geld? Und was iſt denn das für ein Beutel mit fünfhundert Thaler Louis d'or, den der Wirth in ihrem Schreibepulte gefunden?

v. Tellh. Das ist Geld, welches mir aufzuheben gegeben worden.

Just. Doch nicht die hundert Pistolen, die ihnen ihr alter Wachtmeister vor vier oder fünf Wochen brachte?

v. Tellh. Die nehmlichen, von Paul Werner. Warum nicht?

Just. Diese haben sie noch nicht gebraucht? Mein Herr, mit diesen können sie machen was sie wollen. Auf meine Verantwortung —

v. Tellh. Wahrhaftig?

Just. Werner hörte von mir, wie sehr man sie mit ihren Forderungen an die Generalkriegscassa aufzieht. Er hörte —

v Tellh. Daß ich sicherlich zum Bettler werden würde, wenn ich es nicht schon wäre. — Ich bin dir sehr verbunden, Just. — Und diese Nachricht vermochte Wernern, sein bischen Armuth mit mir zu theilen. — Es ist mir doch lieb, daß ich es errathen habe. — Höre Just, mache mir zugleich auch deine Rechnung; wir sind geschiedene Leute —

Just. Wie? was?

v. Tellh. Kein Wort mehr; es kömmt jemand. —

Fünfter Auftritt.

Eine Dame in Trauer. v. Tellheim. Just.

Dame. Ich bitte um Verzeihung mein Herr!

v. Tellh. Wen suchen sie, Madame? —

Dame. Eben den würdigen Mann, mit welchem ich die Ehre habe zu sprechen. Sie kennen mich nicht mehr? Ich bin die Wittwe ihres ehemaligen Staabsrittmeisters. —

v. Tellh. Um des Himmels willen, gnädige Frau! welche Veränderung! —

Dame. Ich stehe von dem Krankenbette auf, auf das mich der Schmerz über den Verlust meines Mannes warf. Ich muß ihnen früh beschwerlich fallen, Herr Major. Ich reise auf das Land, wo mir eine gutherzige, aber eben auch nicht glückliche Freundinn eine Zuflucht angeboten. —

v. Tellh. (zu Just.) Geh, laß uns allein. —

(Just geht ab.)

Sechster Auftritt.

Die Dame. v. Tellheim.

v. Tellh. Reden sie frey, gnädige Frau! vor mir dürfen sie sich ihres Unglücks nicht schämen. Ich beklage sie, worinn kann ich

ich ihnen dienen? Sie wissen, ihr Gemahl war mein Freund; mein Freund, sage ich, ich war immer karg mit diesem Titel.

Dame. Wer weiß es besser als ich, wie werth sie seiner Freundschaft waren, wie werth er der ihrigen war! Sie würden sein letzter Gedanke, ihr Name der letzte Ton seiner sterbenden Lippen gewesen seyn, hätte nicht die stärkere Natur dieses traurige Vorrecht für seinen unglücklichen Sohn, für seine unglückliche Gattinn gefordert. —

v. Tellh. Hören sie auf, Madame! weinen wollte ich mit ihnen gern; aber ich habe heute keine Thränen. Verschonen sie mich! sie finden mich in einer Stunde, wo ich leicht zu verleiten wäre, wider die Vorsicht zu murren. — O mein rechtschaffener Marloff! geschwind, gnädige Frau, was haben sie zu befehlen? wenn ich ihnen zu dienen im Stande bin, wenn ich es bin —

Dame. Ich darf nicht abreisen, ohne seinen letzten Willen zu vollziehen. Er erinnerte sich kurz vor seinem Ende, daß er als ihr Schuldner sterbe, und beschwor mich, diese Schuld mit der ersten Baarschaft zu tilgen. Ich habe seine Equipage verkauft, und komme seine Handschrift einzulösen. —

v. Tellh. Wie gnädige Frau? darum kommen Sie?

Dame. Darum. Erlauben sie, daß ich das Geld aufzähle.

v. Tellh.

v. Tellh. Nicht doch, Madame; Marloff mir schuldig? das kann schwerlich seyn. Lassen sie doch sehen. (er ziehet sein Taschenbuch heraus, und sucht.) Ich finde nichts.

Dame. Sie werden seine Handschrift verlegt haben, und die Handschrift thut nichts zur Sache. — Erlauben sie. —

v. Tellh. Nein, Madame! so etwas pflege ich nicht zu verlegen. Wenn ich sie nicht habe, so ist es ein Beweis, daß ich nie eine gehabt habe, oder daß sie getilgt, und von mir schon zurückgegeben worden.

Dame. Herr Major! — —

v. Tellh. Ganz gewiß, gnädige Frau. Ich wüßte mich auch nicht zu erinnern, daß er mir jemals etwas schuldig gewesen wäre; er hat mich vielmehr als seinen Schuldner hinterlassen. Ich habe nie etwas thun können, mich mit einem Manne abzufinden, der sechs Jahr Glück und Unglück, Ehre und Gefahr mit mir getheilet hat. Ich werde es nicht vergessen, daß ein Sohn von ihm da ist. Er wird mein Sohn seyn, sobald ich sein Vater seyn kann. Die Verwirrung, in der ich mich itzt selbst befinde —

Dame. Edelmüthiger Mann! Aber denken sie auch von mir nicht zu klein. Nehmen sie das Geld, Herr Major, so bin ich wenigstens beruhiget. —

v. Tellh. Was brauchen sie zu ihrer Beruhigung weiter, als meine Versicherung, daß mir dieses Geld nicht gehöret? oder wollen sie

sie, daß ich die unerzogene Waise meines Freundes bestehlen soll? bestehlen, Madame; das würde es in dem eigentlichsten Verstande seyn. Ihm gehört es; für ihn legen sie es an. —

Dame. Ich verstehe sie; verzeihen sie nur, wenn ich noch nicht recht weiß, wie man Wohlthaten annehmen muß. Woher wissen es denn, aber auch sie, daß eine Mutter mehr für ihren Sohn thut, als sie für ihr eigen Leben thun würde? Ich gehe —

v. Tellh. Gehen sie, Madame, gehen sie! Reisen sie glücklich! Aber noch eines gnädige Frau: Marloff hat noch an der Kasse unsers ehemaligen Regiments zu fodern. Seine Foderungen sind so richtig, wie die meinigen. Werden meine bezahlt, so müßen auch die seinigen bezahlt werden. Ich hafte dafür —

Dame. O! mein Herr — Aber ich schweige lieber. — Künftige Wohlthaten so vorbereiten, heißt sie in den Augen des Himmels schon erwiesen haben. Empfangen sie seine Belohnung, und meine Thränen. (geht ab.)

Siebenter Auftritt.
v. Tellheim.

Armes, braves Weib! Ich muß nicht vergessen, den Bettel zu vernichten. (er nimmt aus seinem Taschenbuche Briefschaften, die

die er zerreißt) Wer steht mir dafür, daß eigener Mangel mich nicht einmal verleiten könnte, Gebrauch davon zu machen?

Achter Auftritt.

Just. v. Tellheim.

v. Tellh. Bist du da?

Just. (indem er sich abwischt) Ja!

v. Tellh. Du hast geweint?

Just. Ich habe in der Küche meine Rechnung geschrieben, und die Küche ist voll Rauch. Hier ist sie.

v. Tellh. Gieb her.

Just. Haben sie Barmherzigkeit mit mir, mein Herr. Ich weiß wohl, daß die Menschen mit ihnen keine haben; aber —

v. Tellh. Was willst du —

Just. Ich hätte mir eher den Tod, als meinen Abschied vermuthet.

v. Tellh. Ich kann dich nicht länger behalten; ich muß mich ohne Bedienten behelfen lernen (schlägt die Rechnung auf und liest.)
„ Was der Herr Major mir schuldig: drey
„ und einen halben Monatlohn, den Monat
„ 6. Thaler, macht 21. Thaler. Seit dem
„ ersten dieses, an Kleinigkeiten ausgelegt,
„ 1. Thaler 7. Groschen 9. Pfen. Summa

„Summarum, 22. Thaler, 7. Groschen, „9. Pfen." — Gut, und es ist billig, daß ich dir diesen laufenden Monat ganz bezahle.

Just. Die andere Seite, Herr Major. —

v. Tellh. Noch mehr? (ließt) "Was dem „Herrn Major ich schuldig: An den Feldscheer „für mich bezahlt, 25. Thaler. Für War„tung und Pflege, während meiner Kur, für „mich bezahlt, 39. Thaler. Meinem abge„brannten und geplünderten Vater, auf mei„ne Bitte, vorgeschossen, ohne die zwey Beu„tepferde zu rechnen, die er ihm geschenkt, 50. „Thaler. Summa Summarum 114. Thaler. „davon abgezogen vorstehende 22. Thaler, 27. „Groschen, 9. Pfenning. Bleibe dem Herrn „Major schuldig 91. Thaler, 16. Groschen, „3. Pfenning. — Kerl, du bist toll! —

Just. Ich glaube es gern, daß ich Ihnen weit mehr koste. Aber es wäre verlohrne Dinte, es dazu zu schreiben. Ich kann Ihnen das nicht bezahlen, und wenn Sie mir vollends die Liverey nehmen, die ich auch noch nicht verdient habe, — so wollte ich lieber, Sie hätten mich in dem Lazarethe krepiren lassen.

v. Tellh. Wofür siehst du mich an? Du bist mir nichts schuldig, und ich will dich einem von meinen Bekannten empfehlen, bey dem du es besser haben sollst, als bey mir.

Just. Ich bin Ihnen nichts schuldig, und doch wollen Sie mich verstoßen?

v. Thellh.

ein Lustspiel.

b. Tellh. Weil ich dir nichts schuldig werden will.

Just. Darum? nur darum? — so gewiß ich Ihnen schuldig bin, so gewiß Sie mir nichts schuldig werden können, so gewiß sollen Sie mich nun nicht verstoßen. — Machen Sie, was Sie wollen, Herr Major; ich bleibe bey Ihnen; ich muß bey Ihnen bleiben.

v. Tellh. Und deine Hartnäckigkeit, dein Trotz, dein wildes ungestümmes Wesen gegen alle, von denen du meynest, daß Sie dir nichts zu sagen haben, deine Rachsucht — —

Just. Machen Sie mich so schlimm, wie Sie wollen, ich will darum doch nicht schlechter von mir denken, als von meinem Hunde. Vorigen Winter gieng ich in der Demmerung an dem Kanale, und hörte etwas winseln. Ich stieg herab, und glaubte ein Kind zu retten, und zog einen Budel aus dem Wasser. Der Budel kam mir nach, aber ich bin kein Liebhaber von Budeln. Ich jagte ihn fort, umsonst; ich prügelte ihn von mir, umsonst. Ich ließ ihn des Nachts nicht in meine Kammer; er blieb vor der Thüre auf der Schwelle. Noch hat er keinen Bissen Brod aus meiner Hand bekommen; und doch bin ich der einzige, den er hört, und der ihn anrühren darf. Er springt vor mir her, und macht mir seine Künste unbefohlen vor. Es ist ein häßlicher Budel, aber ein gar zu guter Hund. Wenn

Wenn er es länger treibt, so höre ich endlich auf, den Budeln gram zu seyn.

v. Tellh. (bey Seite) So wie ich ihm! Nein, es giebt keine völligen Unmenschen! —— Just, wir bleiben beysammen.

Just. Ganz gewiß! — Sie wollten sich ohne Bedienten behelfen? Sie vergessen Ihrer Blessuren, und daß Sie nur eines Armes mächtig sind. Sie können sich ja nicht allein ankleiden. Ich bin Ihnen unentbehrlich; und bin, —— ohne mich selbst zu rühmen, Herr Major — und bin ein Bedienter, der — wenn das Schlimmste zum Schlimmen kömmt, — für seinen Herrn betteln und stehlen kann.

v. Tellh. Just, wir bleiben nicht beysammen.
Just. Schon gut!

Neunter Auftritt.

Ein Bedienter. v. Tellheim. Just.

Bedien. Bst! Kamerad!
Just. Was giebts?
Bedien. Kann er mir nicht den Officier weisen, der gestern noch in diesem Zimmer (auf eines auf der Seite zeigend, von welcher er her kömmt) gewohnt hat?
Just. Das dürfte ich leicht können. Was bringt er ihm?

Bedien. Was wir immer bringen, wenn wir nichts bringen, ein Kompliment. Meine Herrschaft weiß zu leben, und ich soll ihn desfalls um Verzeihung bitten.

Just. Nun so bitte er ihn um Verzeihung; da steht er.

Bedien. Was ist er? wie nennt man ihn?

v. Tellh. Mein Freund, ich habe euern Auftrag schon gehört. Es ist eine überflüßige Höflichkeit von eurer Herrschaft, die ich erkenne, wie ich soll. Macht ihr meinen Empfehl — Wie heißt euer Herrschaft? —

Bedien. Wie sie heißt? Sie läßt sich gnädiges Fräulein heißen.

v. Tellh. Und ihr Familienname?

Bedien. Den habe ich noch nicht gehört, und darnach zu fragen, ist mein Sache nicht. Ich richte mich so ein, daß ich, meistentheils alle sechs Wochen, eine neue Herrschaft habe. Der Henker behalte alle ihre Namen! —

Just. Bravo, Kamerad! —

Bedien. Zu dieser bin ich erst vor wenig Tagen in Dresden gekommen. Sie sucht, glaube ich, hier ihren Bräutigam. —

v. Tellh. Genug, mein Freund. Den Namen eurer Herrschaft wollte ich wissen; aber nicht ihre Geheimniße. Geht nur!

Bedien. Kamerad, das wäre kein Herr für mich!

Zehnter Auftritt.

v. Tellheim. Juſt.

v. Tellh. Mache, Juſt, mache, daß wir aus dieſem Hauſe kommen! Die Höflichkeit der fremden Dame iſt mir empfindlicher, als die Grobheit des Wirths. Hier nimm dieſen Ring; die einzige Koſtbarkeit, die mir übrig iſt; von der ich nie geglaubt hätte, einen ſolchen Gebrauch zu machen! — verſetze ihn! laß dir achtzig Friedrichsdor darauf geben; die Rechnung des Wirths kann keine dreyßig betragen. Bezahle ihn, und räume meine Sachen — Ja, wohin? — Wohin du willſt. Der wohlfeilſte Gaſthof der beſte. Du ſollſt mich hier neben an, auf dem Kaffeehauſe treffen. Ich gehe, mache deine Sache gut. —

Juſt. Sorgen Sie nicht, Herr Major! —

v. Tillh. (kömmt wieder zurück.) Vor allen Dingen, daß meine Piſtolen, die hinter dem Bette gehangen, nicht vergeſſen werden.

Juſt. Ich will nichts vergeſſen.

v. Tellh. (kömmt nochmals zurück) Noch eins; nimm mir auch deinen Budel mit; hörſt du, Juſt!

Eilf=

Eilfter Auftritt.

Just.

Der Budel wird nicht zurück bleiben. Dafür lasse ich den Budel sorgen. — Hm! auch den kostbaren Ring hat der Herr noch gehabt? Und trug ihn in der Tasche, anstatt am Finger? — Guter Wirth, wir sind so kahl noch nicht, als wir scheinen. Bey ihm, bey ihm selbst will ich dich versetzen, schönes Ringelchen! Ich weiß, er ärgert sich, daß du in seinem Hause nicht ganz sollst verzehrt werden! — Ach —

Zwölfter Auftritt.

Paul Werner. Just.

Just. Sieh da, Werner! guten Tag, Werner! willkommen in der Stadt!

Wern. Das verwünschte Dorf! Ich kanns unmöglich wieder gewohnt werden. Lustig, Kinder, lustig; ich bringe frisches Geld! Wo ist der Major?

Just. Er muß dir begegnet seyn; er gieng eben die Treppe herab.

Wern. Ich komme die Hintertreppe herauf.

Nun wie gehts ihm? — Just, — haſt du von dem Prinzen Heraklius gehört?

Juſt. Heraklius? Ich wüßte nicht.

Wern. Kennſt du den großen Helden im Morgenlande nicht? den Prinz Heraklius, den braven Mann, der Perſien weggenommen hat? Gott ſey Dank, daß doch noch irgendwo in der Welt Krieg iſt! Soldat war ich, Soldat muß ich wieder ſeyn! Kurz, — (indem er ſich ſchüchtern umſieht, ob ihn jemand behorcht) im Vertrauen, Juſt; ich wandere nach Perſien, um unter Sr. königlichen Hoheit, dem Prinzen Heraklius, ein paar Feldzüge zu machen.

Juſt. Du wirſt doch nicht toll ſeyn, und deinen ſchönen Freyhof verlaſſen? —

Wern. O, den nehme ich mit! — Merkſt du was? — Das Gütchen iſt verkauft. —

Juſt. Verkauft?

Wern. St! — hier ſind hundert Dukaten, die ich geſtern auf den Kauf bekommen; die bring ich dem Major —

Juſt. Und was ſoll der damit?

Wern. Was er damit ſoll? Verzehren ſoll er ſie; verſpielen, vertrinken, wie er will. Der Mann muß Geld haben, und es iſt ſchlecht genug, daß man ihm das Seinige ſo ſauer macht! Aber ich wüßte ſchon, was ich thäte, wenn ich an ſeiner Stelle wäre! Ich dächte: hohl euch alle der Henker; und gienge mit Paul Wernern nach Perſien! — Da nimm

nimm die hundert Dukaten; gieb sie dem Major. Sage ihm, er soll mir auch die aufheben. —

Just. Werner, du meynest es herzlich gut, aber wir mögen dein Geld nicht. Behalte deine Dukaten, und deine hundert Pistolen kannst du auch unversehrt wieder bekommen, sobald als du willst. —

Wern. So? hat denn der Major noch Geld?

Just. Nein.

Wern. Und wovon lebt ihr denn?

Just. Wir lassen aufschreiben, und wenn man nicht mehr anschreiben will, und uns zum Hause herauswirft, so versetzen wir, was wir noch haben, und ziehen weiter. — Höre nur, Paul; dem Wirthe hier müßen wir einen Possen spielen.

Wern. Hat er dem Major was in den Weg gelegt? — Ich bin dabey! —

Just. Wie wärs, wenn wir ihm des Abends aufpaßten, und ihn brav durchprügelten? —

Wern. Des Abends? — aufpaßten? — ihrer zwey einem? — Das ist nichts. —

Just. Oder, wenn wir ihm das Haus über dem Kopf ansteckten? —

Wern. Sengen und brennen? — Kerl, man hörts, daß du Packknecht gewesen bist, und nicht Soldat; — pfuy!

Juſt. Komm nur, du ſollſt dein Wunder hören!

Wern. So iſt der Teufel wohl hier gar los?

Juſt. Ja wohl; komm nur!

Wern. Deſto beſſer! Nach Perſien alſo, nach Perſien!

Ende des erſten Aufzugs.

Zweyter Aufzug.
Erster Auftritt.
Minna v. Barnhelm. Franciska.
(die Scene ist in dem Zimmer des Fräuleins.)

Fräul. (im Negligee, nach ihrer Uhr sehend.)
Franciska, wir sind auch sehr früh aufgestanden. Die Zeit wird uns lang werden.

Franc. Freylich wird uns die Zeit so lang werden. — Wir werden, vor langer Weile, uns putzen müßen, und das Kleid versuchen, in welchem wir den ersten Sturm geben wollen.

Fräul. Was redest du von Stürmen, da ich bloß herkomme, die Haltung der Kapitulation zu fodern?

Franc. Und der Herr Officier, den wir vertrieben, und dem wir das Kompliment darüber machen lassen; er muß auch nicht die feinste Lebensart haben; sonst hätte er wohl um die Ehre können bitten lassen, uns seine Aufwartung machen zu dürfen. —

Fräul. Es sind nicht alle Officiere Tellheims. Die Wahrheit zu sagen, ich ließ ihm das Kompliment auch bloß machen, um Gelegenheit zu haben, mich nach diesem bey ihm zu er-

erkundigen. — Franciska, mein Herz sagt es mir, daß meine Reise glücklich seyn wird, daß ich ihn finden werde. —

Franc. Das Herz, gnädiges Fräulein? Man traue doch ja seinem Herzen nicht zu viel. Das Herz redet uns gewaltig gern nach dem Maule. Wenn das Maul eben so geneigt wäre, nach dem Herzen zu reden, so wäre die Mode längst aufgekommen, die Mäuler unterm Schloße zu tragen.

Fräul. Ha! ha! mit deinen Mäulern unterm Schloße! Die Mode wäre mir eben recht!

Franc. Lieber die schönsten Zähne nicht gezeigt, als alle Augenblicke das Herz darüber springen lassen!

Fräul. Was? bist du so zurückhaltend? —

Franc. Nein, gnädiges Fräulein; sondern ich wollte es gern mehr seyn. Man spricht selten von der Tugend, die man hat; aber desto öfter von der, die uns fehlt.

Fräul. Da hast du eine sehr gute Anmerkung gemacht. —

Franc. Gemacht? macht man das, was einem so einfällt? —

Fräul. Und weißt du, warum ich eigentlich diese Anmerkung so gut finde? Sie hat viel Beziehung auf meinen Tellheim.

Franc. Was hätte bey ihnen nicht auch Beziehung auf ihn?

Fräul. Freunde und Feinde sagen, daß er

der

der tapferste Mann von der Welt ist. Aber wer hat ihn von der Tapferkeit jemals reden hören? Er hat das rechtschaffenste Herz, aber Rechtschaffenheit und Edelmuth sind Worte, die er nie auf die Zunge bringt.

Franc. Von was für Tugenden spricht er denn?

Fräul. Er spricht von keiner; denn ihm fehlt keine.

Franc. Das wollte ich nur hören.

Fräul. Warte, Franciska; ich besinne mich. Er spricht sehr oft von Oekonomie. Im Vertrauen, Franciska, ich glaube, der Mann ist ein Verschwender.

Franc. Noch eins, gnädiges Fräulein. Ich habe ihn auch sehr oft der Treue und Beständigkeit gegen sie erwähnen hören. Wie, wenn der Herr auch ein Flattergeist wäre?

Fräul. Du Unglückliche! — Aber meynest du das im Ernste, Franciska?

Franc. Wie lange hat er ihnen nun schon nicht geschrieben?

Fräul. Ach! seit dem Frieden hat er mir nur ein einzigesmal geschrieben.

Franc. Auch ein Seufzer wider den Frieden! wunderbar! der Friede sollte nur das Böse wieder gut machen, das der Krieg gestiftet, und er zerrüttet auch das Gute, was dieser sein Gegenpart etwann noch veranlasset hat. Die Zeit wird einem gewaltig lang, wenn es so wenig Neuigkeiten giebt. — Umsonst gehen die Posten wieder richtig, niemand schreibt; denn niemand hat etwas zu schreiben.

Fräul. Es ist Friede, schrieb er mir, und ich nähere mich der Erfüllung meiner Wünsche. — Aber, daß er mir dieses nur ein einzigesmal geschrieben. —

Franc. Daß er uns zwingt, dieser Erfüllung der Wünsche selbst entgegen zu eilen — finden wir ihn nur; das soll er uns entgelten! — Wenn indeß der Mann doch die Wünsche erfüllt hätte, und wir erführen hier —

Fräul. (ängstig und hitzig) Daß er todt wäre?

Franc. Für Sie, gnädiges Fränlein; in den Armen einer andern. —

Fräul. Du Quälgeist! warte, Francisca, er soll dir es gedenken! — Doch schwatze nur; sonst schlafen wir wieder ein. — Sein Regiment ward nach dem Frieden zerrissen. Wer weiß, in welche Verwirrung von Rechnungen und Nachweisungen er dadurch gerathen? Wer weiß, zu welchem andern Regimente, in welche entlegne Provinz er versetzt worden? Wer weiß, welche Umstände — Es pocht jemand.

Franc. Herein!

Zweyter Auftritt.

Der Wirth. Die Vorigen.

Wirth. (den Kopf voran steckend.) Ist es erlaubt, meine gnädige Herrschaft? —
Franc. Unser Herr Wirth? — Nur vollends herein.

Wirth. (mit einer Feder hinter dem Ohre, ein Blatt Papier und Schreibzeug in der Hand.) Ich komme, gnädiges Fräulein, Ihnen einen unterthänigen guten Morgen zu wünschen — (zur Francisca) und auch Ihr, mein schönes Kind. —

Franc. Ein höflicher Mann!
Fräul. Wir bedanken uns.
Franc. Und wünschen Ihm auch einen guten Morgen.

Wirth. Darf ich mich unterstehen zu fragen, wie Ihro Gnaden die erste Nacht unter meinem schlechten Dache geruhet? —

Franc. Das Dach ist so schlecht nicht, Herr Wirth; aber die Betten hätten können besser seyn.

Wirth. Was höre ich? Nicht wohl geruht? Vielleicht, daß die gar zu große Ermüdung von der Reise —

Fräul. Es kann seyn.
Wirth. Gewiß, gewiß! denn sonst — Indeß sollte etwas nicht vollkommen nach Ihro
Gna=

Gnaden Bequemlichkeit gewesen seyn, so geruhen Ihro Gnaden, nur zu befehlen.

Franc. Gut, Herr Wirth, gut! wir wollen schon sagen, wie wir es gern hätten.

Wirth. Hiernächst komme ich zugleich — (indem er die Feder hinter dem Ohre hervorzieht.)

Franc. Nun?

Wirth. Ohne Zweifel kennen Ihro Gnaden schon die weisen Verordnungen unsrer Pollicey. —

Fräulein. Nicht im geringsten, Herr Wirth —

Wirth. Wir Wirthe sind angewiesen, keinen Fremden, weß Standes und Geschlechts er auch sey, vier und zwanzig Stunden zu behausen, ohne seinen Namen, Heymath, Charakter, hiesige Geschäfte, vermuthliche Dauer des Aufenthalts, und so weiter, gehörigen Orths schriftlich einzureichen.

Fräul. Sehr wohl.

Wirth. Ihro Gnaden werden also sich gefallen lassen — (indem er an einen Tisch tritt, und sich fertig macht, zu schreiben.)

Fräul. Sehr gern. — Ich heiße —

Wirth. Einen kleinen Augenblick Geduld! — (er schreibt) „dato, den 22. August. a. c. all„hier zum Könige von Spanien angelangt„ — Nun Dero Namen, gnädiges Fräulein.

Fräul. Das Fräulein von Barnhelm.

Wirth. (schreibt) „von Barnhelm„ — Kommend? woher, gnädiges Fräulein.

Fräul. Von meinen Gütern aus Sachsen.

Wirth.

Fräul. (schreibt) „Gütern aus Sachsen,‗‗ Aus Sachsen! Aber wo mir recht ist, gnädiges Fräulein, Sachsen ist nicht klein, und hat mehrere, ‗‗ wie soll ich es nennen? ‗‗ Districte, Provinzen. ‗‗ Unsere Policey ist sehr exackt, gnädiges Fläulein. ‗‗

Fräul. Ich verstehe: von meinen Gütern aus Thüringen also.

Wirth. Aus Thüringen! Ja, das ist besser, gnädiges Fräulein, das ist genauer. ‗‗ (schreibt und liest) „Das Fräulein von Barnhelm, „kommend von ihren Gütern aus Thüringen, „nebst einer Kammerfrau und zwey Bedien‗ „ten „ ‗‗

Franc. Einer Kammerfrau? Das soll ich wohl seyn?

Wirth. Ja, mein schönes Kind. ‗‗

Franc. Nun., Herr Wirth, so setzen sie anstatt Kammerfrau, Kammerjungfer. ‗‗ Ich höre, die Policey ist sehr exackt; es möchte ein Mißverständniß geben, welches mir bey meinem Aufgebothe einmal Händel machen könnte. Denn ich bin wirklich noch Jungfer, und heiße Franciska; mit dem Geschlechtsnamen Willig; Franciska Willig. Ich bin auch aus Thüringen. Mein Vater war Müller auf einem von den Gütern des gnädigen Fräuleins. Es heißt klein Ramms‗ dorf. Die Mühle hat itzt mein Bruder. Ich kam sehr jung auf den Hof, und ward mit dem gnädigen Fräulein erzogen. Bin künf‗

C tige

tige Lichtmeß ein und zwanzig Jahr. Ich habe alles gelernt, was das gnädige Fräulein gelernt hat. Es soll mir lieb seyn, wenn mich die Policey recht kennt.

Wirth. Gut, mein schönes Kind; das will ich mir auf weitere Nachfrage merken. = = Aber nunmehr gnädiges Fräulein, dero Verrichtungen allhier? = =

Fräul. Meine Verrichtungen?

Wirth. Suchen ihro Gnaden etwas bey des Königs Majestät?

Fräul. Nein, nein. Ich bin lediglich in meinen eigenen Angelegenheiten hier.

Wirth. Ganz wohl, gnädiges Fräulen; aber wie nennen sich diese eigne Angelegenheiten?

Franc. Herr Wirth, die Policey wird doch nicht die Geheimnisse eines Frauenzimmers zu wissen verlangen?

Wirth. Allerdings, mein schönes Kind: die Pollicey will alles wissen; und besonders Geheimnisse.

Franc. Ja nun, gnädiges Fräulein; was ist zu thun? = = So hören sie nur, Herr Wirth; = = aber daß es ja unter uns und der Policey bleibt! = =

Fräul. Was wird ihm die Närrin sagen?

Franc. Wir kommen, dem Könige einen Officier wegzukapern = =

Wirth Wie? was? Mein Kind! mein Kind! = =

Fräul.

Ein Lustspiel.

Fräul. Franciska, bist du toll? — Herr Wirth, die Naseweise hat sie zum besten. —

Wirth. Ich will nicht hoffen! zwar mit meiner Wenigkeit kann sie scherzen so viel, wie sie will; nur mit einer hohen Policey —

Fräul. Wissen sie was, Herr Wirth? — Ich dächte, sie ließen die ganze Schreiberey bis auf die Ankunft meines Oheims. Ich habe ihnen schon gestern gesagt, warum er nicht mit mir zugleich angekommen. Er verunglückte, zwey Meilen von hier, mit seinem Wagen; und wollte durchaus nicht, daß mich dieser Zufall eine Nacht mehr kosten sollte. Ich mußte also voran. Wenn er vier und zwanzig Stunden nach mir eintrifft, so ist es das längste.

Wirth. Nun ja, gnädiges Fräulein, so wollen wir ihn erwarten.

Fräul. Er wird auf ihre Fragen besser antworten können. Er wird wissen, wem, und wie weit er sich zu entdecken hat.

Wirth. Desto besser! Freylich, freylich kann man von einem jungen Mädchen (Die Franciska mit einer bedeutenden Miene ansehend) nicht verlangen, daß es eine ernsthafte Sache, mit ernsthaften Leuten, ernsthaft tracktire = =

Fräul. Und die Zimmer für ihn, sind doch in Bereitschaft, Herr Wirth?

Wirth. Völlig, gnädiges Fräulein, völlig? bis auf das eine = =

Franc.

Franc. Aus dem sie vielleicht auch noch erst einen ehrlichen Mann vertreiben müssen?

Wirth. Die Kammerjungfern aus Sachsen, gnädiges Fräulein, sind wohl sehr mitleidig. —

Fräul. Doch, Herr Wirth; das haben sie nicht gut gemacht. Lieber hätten sie uns nicht einnehmen sollen.

Wirth. Wie so, gnädiges Fräuleen, wie so?

Fräul. Ich höre, daß der Officier, welcher durch uns verdrängt worden —

Wirth. Ja nur ein abgedankter Officier ist, gnädiges Fräulein —

Fräul. Wenn schon! —

Wirth. Mit dem es zu Ende geht —

Fräul. Desto schlimmer! Es soll ein sehr verdienter Mann seyn.

Wirth. Ich sage ihnen ja, daß er abgedankt ist.

Fräul. Der König kann nicht alle verdiente Männer kennen.

Wirth. O gewiß, er kennt sie, er kennt sie alle.

Fräul. So kann er sie nicht alle belohnen.

Wirth. Sie wären alle belohnt, wenn sie darnach gelebt hätten. Aber so lebten die Herren, während des Krieges, als ob ewig Krieg bleiben würde; als ob das Dein und Mein ewig aufgehoben seyn würde. Jetzt liegen alle Wirthshäuser und Gasthöfe von ihnen voll; und ein Wirth hat sich wohl in acht zu nehmen. Ich bin mit diesem noch so ziemlich weggekommen. Hatte er gleich kein Geld mehr, so hatte er doch noch Geldeswerth; — Apropos, gnädiges Fräulein; sie verstehen sich doch auf Juwelen? —

Fräul. Nicht sonderlich.

Wirth. Was sollten ihro Gnaden nicht? — Ich muß ihnen einen Ring zeigen, einen kostbaren Ring. Zwar gnädiges Fräulein, haben da auch einen sehr schönen am Finger, und je mehr ich ihn betrachte, je mehr muß ich mich wundern, daß er dem meinigen so ähnlich ist — O! sehen sie doch, sehen sie doch! (indem er ihn aus dem Futteral heraus nimmt, und der Fräulein zureicht) Welch ein Feuer! der mittelste Brillant allein, wiegt über fünf Karat.

Fräul. (ihn betrachtend) Wo bin ich? — Was seh ich? Dieser Ring —

Wirth. Ist seine fünfzehnhundert Thaler unter Brüdern werth.

Fräul. Franciska! — Sieh doch! —

Wirth. Ich habe mich auch nicht einen Augenblick bedacht, achtzig Pistolen darauf zu leihen.

Fräul. Erkennst du ihn nicht, Franciska?

Franc. Der nämliche! — Herr Wirth, wo haben sie diesen Ring her? —

Wirth. Nun, mein Kind? Sie hat doch wohl kein Recht daran?

Franc. Wir kein Recht an diesen Ring? — Innwärts auf dem Kasten muß der Fräulein verzogner Name stehn. — Weisen sie doch, Fräulein.

Fräul. Er ists, er ists! — Wie kommen sie zu diesem Ringe, Herr Wirth?

Wirth. Ich? auf die ehrlichste Weise von der Welt — gnädiges Fräulein, sie werden mich nicht in Schaden und Unglück bringen wollen? Was weiß ich, wo sich der Ring eigentlich herschreibt? Währendes Krieges hat manches seinen Herrn, sehr oft verändert. — Geben sie mir ihn wieder, gnädiges Fräulein, geben sie mir ihn wieder!

Franc. Erst geantwortet: von wem haben sie ihn?

Wirth. Von einem Manne, dem ich so was nicht zutrauen kann; von einem sonst guten Manne —

Fräul. Von dem besten Manne unter der Sonne, wenn sie ihn von seinem Eigenthümer haben. — Geschwind bringen sie mir den Mann! Er ist es selbst, oder wenigstens muß er ihn kennen.

Wirth. Wer denn? wen denn, gnädiges Fräulein?

Franc. Hören sie denn nicht? unsern Major.

Wirth. Major? Recht, er ist Major, der dieses Zimmer vor ihnen bewohnt hat, und von dem ich ihn habe.

Fräul.

Fräul. Major von Tellheim?

Wirth. Von Tellheim; ja! Kennen sie ihn?

Fräul. Ob ich ihn kenne? Er ist hier? Tellheim ist hier? Er? er hat ihnen diesen Ring versetzt? Wie kömmt der Mann in diese Verlegenheit? Wo ist er? Er ist ihnen schuldig? — — Franciska, die Schatulle her! Schließ auf (indem sie Franciska auf den Tisch setzet, und öffnet.) Was ist er ihnen schuldig? Wem ist er mehr schuldig? Bringen sie mir alle seine Schuldner. Hier ist Geld. Hier sind Wechsel. Alles ist sein!

Wirth. Was höre ich?

Fräul. Wo ist er? wo ist er?

Wirth. Noch vor einer Stunde war er hier.

Fräul. Häßlicher Mann, wie konnten sie gegen ihn so unfreudlich, so hart, so grausam seyn?

With. Ihro Gnaden verzeihen —

Fräul. Geschwind, schaffen sie mir ihn zur Stelle.

Wirth. Sein Bedienter ist vielleicht noch hier. Wollen ihro Gnaden, daß er ihn aufsuchen soll?

Fräul. Ob ich will? Eilen sie, laufen sie, für diesen Dienst allein, will ich es vergessen, wie schlecht sie mit ihm umgegangen sind —

Franc. Fix, Herr Wirth, hurtig, fort, fort! (stößt ihn hinaus.)

Dritter Auftritt.

Das Fräulein. Franciska.

Fräulein.

Nun habe ich ihn wieder, Franciska! Siehst du, nun habe ich ihn wieder! Ich weiß nicht, wo ich vor Freuden bin! Freue dich doch mit, liebe Francisca. Aber freylich, warum du? Doch du sollst dich, du mußt dich mit mir freuen. Komm, Liebe, ich will dich beschenken, damit du dich mit mir freuen kannst? Was hättest du gern? Nimm, was du willst; aber freue dich nur. Ich sehe wohl, du wirst dir nichts nehmen. Warte! (sie faßt in die Schatulle) Da, liebe Franciska; (giebt ihr Geld) kauffe dir, was du gern hättest. Fordere mehr, wenn es nicht zulangt. Aber freue dich nur mit mir. Es ist so traurig, sich allein zu freuen. Nun, so nimm doch —

Franc. Ich stehle es ihnen, Fräulein; sie sind trunken, von Fröhlichkeit trunken —

Fräul. Mädchen, ich habe einen zänkischen Rausch, nimm, oder — (sie zwingt ihr das Geld in die Hand) Und wenn du dich bedankest! — Warte; gut, daß ich daran denke. (sie greift nochmals in die Schatulle nach Geld) Das, liebe Franciska, stecke bey Seite; für den ersten blessirten armen Soldaten, der uns anspricht. —

Ein Luſtſpiel.

Vierter Auftritt.

Der Wirth. Das Fräulein. Franc.

Fräulein.

Nun? wird er kommen?

wirth. Der widerwärtige, ungeſchliffene Kerl!

Fräul. Wer?

wirth. Sein Bedienter. Er weigert ſich, nach ihm zu gehen.

Franc. Bringen ſie doch den Schurken her. — Des Majors Bediente kenne ich ja wohl alle. Welcher wäre denn das?

Fräul. Bringen ſie ihn geſchwind her. Wenn er uns ſieht, wird er ſchon gehen. (der Wirth geht ab.)

Fünfter Auftritt.

Das Fräulein. Francisca.

Fräulein.

Ich kann den Augenblick nicht erwarten. Aber, Franciska, du biſt noch immer ſo kalt? Du willſt dich noch nicht mit mir freuen?

Franc. Ich wollte von Herzen gern; wenn nur —

Fräul.

Fräul. Wenn nur?

Franc. Wir haben den Mann wieder gefunden; aber wie haben wir ihn wieder gefunden? Nach allem, was wir von ihm hören, muß es ihm übel gehn. Das jammert mich.

Fräul. Jammert dich? — Laß dich dafür umarmen, meine liebste Gespielinn! Das will ich dir nie vergessen! — Ich bin nur verliebt, und du bist gut —

Sechster Auftritt.

Der Wirth. Just. Die vorigen.

Wirth.

Mit genauer Noth bring ich ihn.

Franc. Ein fremdes Gesicht! Ich kenne ihn nicht.

Fräul. Mein Freund, ist er bey dem Major von Tellheim?

Just. Ja.

Fräul. Wo ist sein Herr?

Just. Nicht hier.

Fräul. Aber er weiß ihn zu finden?

Just. Ja.

Fräul. Will er ihn nicht geschwind herhohlen?

Just. Nein.

Fräul. Er erweiset mir damit einen Gefallen —   **Just.**

Juſt. Ey!

Fräul. Und ſeinem Herrn einen Dienſt ––

Juſt. Vielleicht auch nicht. ––

Fräul. Woher vermuthet er das?

Juſt. Sie ſind doch die fremde Herrſchaft, die ihn dieſen Morgen komplimentiren laſſen?

Fräul. Ja.

Juſt. So bin ich ſchon recht.

Fräul. Weiß ſein Herr meinen Namen?

Juſt. Nein; aber er kann die allzu höflichen Damen eben ſo wenig leiden, als die allzu groben Wirthe.

Wirth. Das ſoll wohl mit auf mich gehn?

Juſt. Ja.

Wirth. So laß er es doch dem gnädigen Fräulein nicht entgelten; und hole er ihn geſchwind her.

Fräul. (zur Franciska) Franciska, gieb ihm etwas ––

Franc. (die dem Juſt Geld in die Hand drucken will) Wir verlangen ſeine Dienſte nicht umſonſt. ––

Juſt. Und ich ihr Geld nicht ohne Dienſte.

Franc. Eines für das andere. ––

Juſt. Ich kann nicht. Mein Herr hat mir befohlen, auszuräumen. Wenn ich fertig bin, ſo will ich es ihm ja wohl ſagen. Er iſt neben an auf dem Kaffeehauſe; und wenn er da nichts beſſers zu thun findet, wird er auch wohl kommen. (will fortgehen.)

Franc.

Franc. So warte er doch. — Das gnädige Fräulein ist des Herrn Majors — — Schwester. —

Just. Das weiß ich besser, daß der Major keine Schwester hat. — Zwar es giebt mancherley Schwestern —

Franc. Unverschämter!

Just. Muß man es nicht seyn, wenn einen die Leute sollen gehn lassen? (geht ab)

Franc. Das ist ein Schlingel!

Wirth. Ich sagt es ja. Aber! Weiß ich doch nunmehr, wo sein Herr ist. Ich will ihn gleich selbst hohlen. — Nur gnädiges Fräulein, bitte ich unterthänigst, mich bey dem Herrn Major zu entschuldigen, daß ich —

Fräul. Gehen sie nur geschwind, Herr Wirth. Das will ich alles wieder gut machen (der Wirth geht ab, und hierauf) Franciska, lauf ihm nach: er soll ihm meinen Namen nicht nennen! (Franciska, dem Wirthe nach)

Siebenter Auftritt.

Das Fräulein. Und hierauf Franc.

Fräulein.

Ich habe ihn wieder! — Bin ich allein? — Ich will nicht umsonst allein seyn. (sie faltet die Hände) Auch bin ich nicht allein!

(und

(und blickt aufwärts) Ein einziger dankbarer Gedanke gen Himmel ist das willkommenste Gebeth! — Ich hab ihn, (mit ausgebreiteten Armen) Ich bin glücklich! und fröhlich? Was kann der Schöpfer lieber sehen, als ein fröhliches Geschöpf! — (Franciska kommt) bist du wieder da, Franciska? — Er jammert dich? Mich jammert er nicht. Unglück ist auch gut. Vielleicht, daß ihm der Himmel alles nahm, um ihm in mir alles wieder zu geben!

Franc. Er kann den Augenblick hier seyn. — Sie sind noch in ihrem Negligee, gnädiges Fräulein. Wie, wenn sie sich geschwind ankleideten?

Fräul. Geh! ich bitte dich. Er wird mich von nun an öftrer so, als geputzt sehen.

Franc. O, sie kennen sich, mein Fräulein.

Fräul. (nach einem kurzen Nachdenken) Wahrhaftig, Mädchen, du hast es wieder getroffen.

Franc. Wenn wir schön sind, sind wir ungeputzt am schönsten.

Fräul. Müssen wir denn schön seyn? — Aber, daß wir uns schön glauben, war vielleicht nothwendig. — Nein, wenn ich ihm, ihm nur schön bin! — Franciska, wenn alle Mädchen so sind, wie ich mich ietzt fühle, so sind wir — sonderbare Dinger. — Zärtlich und stolz, tugendhaft und eitel, wollüstig und fromm. — Du wirst mich nicht verstehen. Ich verstehe mich wohl selbst nicht. — Die Freude macht wirblicht. —

Franc.

Franc. Fassen sie sich, mein Fräulein; ich höre kommen —

Fräul. Mich fassen? Ich sollte ihn ruhig empfangen?

Achter Auftritt.

v. Tellheim. Der Wirth. Die Vorig.

v. Tellheim (tritt herein, und indem er sie erblickt, fliegt er auf sie zu).

Ach! meine Minna! —

Fräul. (ihm entgegen fliehend) Ach! mein Tellheim! —

v. Tellh. (stutzt auf einmal, und tritt wieder zurück) Verzeihen sie, gnädiges Fräulein, — Das Fräulein von Barnhelm hier zu finden —

Fräul. Kann ihnen doch so gar unerwartet nicht seyn? — (indem sie ihm näher tritt, und er mehr zurück weicht.)

v. Tellh. Gnädiges Fräulein — (sieht starr auf den Wirth, und zuckt die Schultern.)

Fräul. (wird den Wirth gewahr, und winkt der Franciska) Mein Herr, —

v. Tellh. Wenn wir uns beyderseits nicht irren —

Franc. Je, Herr Wirth, wen bringen sie uns denn da? Geschwind kommen sie, lassen sie uns den rechten suchen.

Wirth.

Wirth. Ist es nicht der rechte? Ey ja doch!
Franc. Ey nicht doch! Geschwind kommen sie; ich habe ihrer Jungfer Tochter noch keinen guten Morgen gesagt.
Wirth. O! viel Ehre — (doch ohne von der Stelle zu gehn)
Franc. (faßt ihn an) Kommen sie, wir wollen den Küchenzettel machen. — Lassen sie sehen, was wir haben werden —
Wirth. Sie sollen haben; vors erste —
Franc. Still, stille! Wenn das Fräulein itzt schon weiß, was sie zu Mittag speisen soll, so ist es um ihren Appetit geschehen. Kommen sie, das müssen sie mir allein sagen. (führet ihn mit Gewalt ab.)

Neunter Auftritt.

v. Tellheim. Das Fräulein.

Fräulein.

Nun? irren wir uns noch?

v. Tellh. Daß es der Himmel wollte! — Aber es giebt nur eine, und sie sind es. —

Fräul. Welche Umstände! Was wir uns zu sagen haben, kann jedermann hören.

v. Tellh. Sie hier? Was suchen sie hier, gnädiges Fräulein?

Fräul.

Fräul. Nichts suche ich mehr. (mit offnen Armen auf ihn zu gehend.) Alles was ich suchte, habe ich gefunden.

v. Tellh. (Zurückweichend) Sie suchten einen glücklichen, einen ihrer Liebe würdigen Mann; und finden — einen Elenden.

Fräul. So lieben sie mich nicht mehr? — Und lieben eine andere?

v. Tellh. Ach! der hat sie nie geliebt, mein Fräulein, der eine andere nach ihnen lieben kann.

Fräul. Sie reissen nur einen Stachel aus meiner Seele. — Wenn ich ihr Herz verloren habe, was liegt daran, ob mich Gleichgültigkeit oder mächtigere Reitze darum gebracht? — Sie lieben mich nicht mehr: und lieben auch keine andere? Unglücklicher Mann, wenn sie gar nichts lieben! —

v. Tellh. Recht, gnädiges Fräulen; der Unglückliche muß gar nichts lieben. Er verdient sein Unglück, wenn er diesen Sieg nicht über sich selbst zu erhalten weiß; wenn er es sich gefallen lassen kann, daß die, welche er liebt, an seinem Unglück Antheil nehmen dürfen. — Wie schwer ist dieser Sieg! — Seitdem mir Vernunft und Nothwendigkeit befehlen, Minna von Barnhelm, zu vergessen: was für Mühe habe ich angewandt,

Fräul. Versteh ich sie recht? Halten sie, mein Herr; ehe wir uns weiter verirren! — Wollen sie mir die einzige Frage beantworten?

v. Tellh.

Ein Lustspiel.

v. Tellh. Jede, mein Fräulein —
Fräul. Wollen sie mir auch ohne Wendung, ohne Winkelzug antworten? Mit nichts, als einem trocknen Ja, oder Nein?
v. Tellh. Ich will, — wenn ich kann.
Fräul. Sie können es. — sie müssen wissen, was in ihrem Herzen vorgeht. — Lieben sie mich noch, Tellheim? — Ja, oder nein.
v. Tellh. Wenn mein Herz —
Fräul. Ja, oder nein!
v. Tellh. Nun, ja!
Fräul. Ja?
v. Tellh. Ja, ja! — Allein —
Fräul. Geduld! — mein lieber Unglücklicher, sie lieben mich noch, und haben ihre Minna noch, und sind unglücklich? Hören sie doch, was ihre Minna für ein eingebildetes, albernes Ding war, — ist. Sie ließ, sie läßt sich träumen, ihr ganzes Glück sey sie. — Geschwind kramen sie ihr Unglück aus. Sie mag versuchen, wie viel sie dessen aufwiegt. — Nun?
v. Tellh. Mein Fräulein, ich bin nicht gewohnt zu klagen.
Fräul. O, so hätten sie sich auch gar nicht unglücklich nennen sollen — Ganz geschwiegen, oder ganz mit der Sprache heraus. — Eine Vernunft, eine Nothwendigkeit, die ihnen mich zu vergessen befiehlt? — Ich bin eine große Liebhaberin von Vernunft, ich habe sehr viel Ehrerbietung für die Nothwendigkeit.

wendigkeit. — Aber laſſen ſie doch hören, wie vernünftig dieſe Vernunft, wie nothwendig dieſe Nothwendigkeit iſt.

v. Tellh. Wohl denn; ſo hören ſie, mein Fräulein. — Sie meynen, ich ſey der Tellheim, den ſie in ihrem Vatterlande gekannt haben, der blühende Mann, voller Anſprüche, voller Ruhmbegierde, der ſeines ganzen Körpers, ſeiner ganzen Seele mächtig war; vor dem die Schranken der Ehre und des Glückes eröffnet ſtanden; der ihres Herzens und ihrer Hand, wenn er ſchon ihrer noch nicht würdig war, täglich würdiger zu werden hoffen durfte. — Dieſer Tellheim bin ich eben ſo wenig, — als ich mein Vater bin. Beide ſind geweſen. — Ich bin Tellheim, der verabſchiedete, der an ſeiner Ehre gekränkte, der Kriepel, der Bettler. — Jenem, mein Fräulein, verſprachen ſie ſich: wollen ſie dieſem Wort halten? —

Fräul. Das klingt ſehr tragiſch! — Doch, mein Herr, bis ich jenen wiederfinde, — in die Tellheims bin ich nun einmal vernarret, — dieſer wird mir ſchon aus der Noth helfen müſſen. — Deine Hand, lieber Bettler! (indem ſie ihn bey der Hand ergreift)

v. Tellh. (der die andere Hand mit dem Hute vor das Geſicht ſchlägt, und ſich abwendet.) Das iſt zu viel! — Wo bin ich? Laſſen ſie mich, Fräulein! Ihr Güte foltert mich? — Laſſen ſie mich.

Fräul.

Fräul. Was ist ihnen? wo wollen sie hin?

v. Tellh. Von ihnen —

Fräul. Von mir? (indem sie seine Hand an ihre Brust zieht) Träumer!

v. Tellh. Die Verzweiflung wird mich tod zu ihren Füßen werfen.

Fräul. Von mir?

v. Tellh. Von ihnen. — Sie nie, nie wieder zu sehen. — Oder doch so entschlossen, so fest entschlossen; — keine Niederträchtigkeit zu begehen, — sie keine Unbesonnenheit begehen zu lassen. — Lassen sie mich Minna! (reißt sich loß und ab.)

Fräul. (ihm nach) Minna sie lassen? Tellheim! Tellheim!

Dritter Aufzug.

Erster Auftritt.

(Die Scene der Saal)

Just. (einen Brief in der Hand.)

Muß ich doch noch einmal in das verdammte Haus kommen! — Ein Briefchen von meinem Herrn an das gnädige Fräulein, das seine Schwester seyn will. — Wenn sich nur da nichts anspinnt! — Sonst wird des Brieftragens kein Ende werden. — Ich wär es gern los; aber ich möchte auch nicht gern ins Zimmer hinein. — Das Frauenszeug fragt so viel und ich antworte so ungern! — Ha, die Thüre geht auf. Wie gewünscht! Das Kammerkätzchen!

Zweyter Auftritt.

Franciska. Just.

Franciska. (zur Thüre hinein, aus der sie kömmt.)

Sorgen sie nicht; ich will schon aufpassen. Sieh! (indem sie Justen gewahr wird.) Da

Da stieße mir ja gleich was auf. Aber mit dem Vieh ist nichts anzufangen.

Just. Ihr Diener —

Franc. Ich wollte so einen Diener nicht —

Just. Nu, nu; verzeih sie mir die Redensart! — Da bring ich ein Briefchen von meinem Herrn an ihre Herrschaft, das gnädige Fräulein — Schwester. — Wars nicht so? Schwester.

Franc. Geb er her! (reißt ihm den Brief aus der Hand.)

Just. Sie soll so gut seyn, läßt mein Herr bitten, und es übergeben. Hernach soll sie so gut seyn, läßt mein Herr bitten — daß sie nicht etwa denkt, ich bitte was! —

Franc. Nun denn?

Just. Mein Herr versteht den Rummel. Er weiß, daß der Weg zu den Fräuleins durch die Kammermädchen geht: — bild ich mir ein! — Die Jungfer soll also so gut seyn, — läßt mein Herr bitten, — und ihm sagen lassen, ob er nicht das Vergnügen haben könnte, die Jungfer auf ein Viertelstündchen zu sprechen.

Franc. Mich?

Just. Verzeih sie mir, wenn ich ihr einen unrechten Titel gebe. — Ja, sie! — Nur ein Viertelstündchen; aber allein, ganz allein, insgeheim, unter vier Augen. Er hätte ihr was sehr nothwendiges zu sagen.

Franc. Gut; ich habe ihm auch viel zu sagen. — Er kann nur kommen, ich werde zu seinem Befehle seyn.

Just. Aber, wann kann er kommen? Wann ist es ihr am gelegensten, Jungfer? So in der Dämmerung? —

Franc. Wie meynt er das? — Sein Herr kann kommen, wenn er will; — und damit packe er sich!

Just. Herzlichgern! (will fortgehen.)

Franc. Hör er doch; noch auf ein Wort. — Wo sind denn die andern Bedienten des Majors?

Just. Die andern? Dahin, dorthin, überallhin.

Franc. Wo ist Wilhelm?

Just. Der Kammerdiener? Den läßt der Major reisen.

Franc. So? und Philipp, wo ist der?

Just. Der Jäger? den hat der Herr aufzuheben gegeben.

Franc. Weil er itzt keine Jagd hat, ohne Zweifel. — Aber Martin?

Just. Der Kutscher? der ist weggeritten.

Franc. Und Fritz?

Just. Der Laufer? der ist avancirt.

Franc. Wo war er denn, als der Major bey uns in Thüringen im Winterquartiere stand? Er war wohl noch nicht b..) ihm?

Just. O ja; ich war Reitknecht bey ihm; aber ich lag im Lazareth.

Franc.

Franc. Reitknecht? Und itzt ist er?

Just. Alles in allem; Kammerdiener und Jäger, Laufer und Reitknecht.

Franc. Das mus ich gestehen! so viele gute, tüchtige Leute von sich zu lassen, und gerade den allerschlechtesten zu behalten! Ich möchte doch wissen, was sein Herr an ihm fände!

Just. Vielleicht findet er, daß ich ein ehrlicher Kerl bin.

Franc. O man ist verzweifelt wenig, wenn man weiter nichts ist, als ehrlich — Wilhelm war ein anderer Mensch! — Reisen läßt ihn der Herr?

Just. Ja, er läßt ihn; — da ers nicht hindern kann.

Franc. Wie?

Just. O, Wilhelm wird sich alle Ehre auf seinen Reisen machen. Er hat des Herrn Garderobe mit.

Franc. Was? er ist doch nicht damit durchgegangen?

Just. Das kann man nun eben nicht sagen; sondern, als wir von Nürnberg weggiengen, ist er uns nur nicht damit nachgekommen.

Franc. O der Spitzbube!

Just. Es war ein ganzer Mensch! er konnte frisiren, und rasiren, und parlieren, — und charmiren — Nicht wahr?

Franc. So nach hätte ich den Jäger nicht von mir gethan, wenn ich wie der Major gewesen

wesen wäre. Konnte er ihn schon nicht als Jäger nützen, so war es doch sonst ein tüchtiger Pursche. — Wem hat er ihm denn aufzuheben gegeben?

Just. Dem Commendanten zu Spandau.

Franc. Der Vestung? Die Jagd auf den Wällen kann doch da auch nicht groß seyn.

Just. O Philipp jagt auch da nicht.

Franc. Was thut er denn?

Just. Er karrt.

Franc. Er karrt?

Just. Aber nur auf drey Jahr. Er machte ein kleines Complot unter des Herrn Compagnie, und wollte sechs Mann durch die Vorposten bringen —

Franc. Ich erstaune; der Bösewicht!

Just. O, es ist ein tüchtiger Kerl! Ein Jäger, der auf funfzig Meilen in der Runde, durch Wälder und Moräste, alle Fußsteige, alle Schleifwege kennt. Und schiessen kann er!

Franc. Gut, daß der Major nur noch den braven Kutscher hat!

Just. Hat er ihn noch?

Franc. Ich denke, er sagte, Martin wäre weggeritten? So wird er doch wohl wieder kommen?

Just. Meynt sie?

Franc. Wo ist er denn hingeritten?

Just. Es geht nun in die zehnte Woche, da ritt er mit des Herrn einzigem und letztem Reitpferd nach der Schwemme.

ein Lustspiel.

Fraue. Und ist noch nicht wieder da? O der Galgenstrick!

Just. Die Schwemme kann den braven Kutscher auch wohl verschwemmt haben! — Es war gar ein rechter Kutscher! er hatte in Wienn zehn Jahre gefahren. So einen kriegt der Herr gar nicht wieder. Wenn die Pferde in vollem Rennen waren, so durfte er nur machen: burr! und auf einmal standen sie, wie die Mauern. Dabey war er ein ausgelernter Roßarzt!

Franc. Nun ist mir für das Avancement des Laufers bange.

Just: Nein, nein; damit hats seine Richtigkeit. Er ist Trommelschläger bey einem Garnisonregimente geworden.

Franc. Dacht ichs doch!

Just. Fritz hieng sich an ein lüderliches Mensch, kam des Nachts niemals nach Hause, machte auf des Herrn Namen überall Schulden, und tausend infame Streiche. Kurz, der Major sahe, daß er mit aller Gewalt höher wollte: (das Hangen pantominisch anzeigend) er brachte ihn also auf guten Weg.

Franc. O der Bube!

Just. Aber ein perfecter Laufer ist er, das ist gewiß. Wenn ihm der Herr fünfzig Schritte vorgab, so konnte er ihn mit seinem besten Renner nicht einholen. Fritz hingegen kann dem Galgen tausend Schritte vorgeben, und ich wette mein Leben, er hohlt ihn ein.

— Es waren wohl alles ihre guten Freunde, Jungfer? Der Wilhelm und der Philipp, der Martin und der Fritz? — Nun Just empfiehlt sich! (geht ab.)

Dritter Auftritt.

Franciska, und hernach der Wirth.

Franciska die ihm ernsthaft nachsieht.

Ich verdiene den Biß! — Ich bedanke mich, Just. Ich setzte die Ehrlichkeit zu tief herab. Ich will die Lehre nicht vergessen. — Ach! der unglückliche Mann! (*kehrt sich um, und will nach den Zimmer des Fräuleins gehen, indem der Wirth kommt.*)

Wirth. Warte sie doch, mein schönes Kind.—

Franc. Ich hab itzt nicht Zeit, Herr Wirth—

Wirth. Nur ein kleines Augenblickchen! — Noch keine Nachricht weiter von dem Herrn Major?

Franc. Ja so! — Nun, Adjeu, Herr Wirth. Werden wir bald essen, Hr. Wirth?

Wirth. Mein schönes Kind, nicht zu vergessen, was ich eigentlich sagen wollte.

Franc. Nun? aber nur kurz—

Wirth. Das gnädige Fräulein hat noch meinen Ring; ich nenne ihn meinen —

Franc. Er soll ihnen unverloren seyn.

Wirth.

wirth. Ich trage darum auch keine Sorge; ich wills nur erinnern. Sieht sie; ich will ihn gar nicht einmal wieder haben. Ich kann mir doch wohl an den Fingern abzählen, woher sie den Ring kannte, und woher er dem ihrigen so ähnlich sah. Er ist in ihren Händen am besten aufgehoben. Ich mag ihn gar nicht mehr, und will indes die hundert Pistolen, die ich darauf gegeben habe, auf des gnädigen Fräuleins Rechnung setzen. Nicht so recht, mein schönes Kind?

Vierter Auftritt.

Paul Werner, der Wirth, Franciska.

Werner. Da ist er ja!

Franc. Hundert Pistolen? ich meynte, nur achtzig.

Wirth. Es ist wahr, nur neunzig, nur neunzig. Das will ich thun, mein schönes Kind, das will ich thun.

Franc. Alles das wird sich finden, Herr Wirth.

Werner. (der ihnen hinterwärts näher kömmt, und auf einmal der Franciska auf die Schulter klopft) Frauenzimmerchen! Frauenzimmerchen!

Franc. (erschrickt.) He!

Werner. Erschrecke sie nicht! — Frauenzimzimmerchen, Frauenzimmerchen, ich sehe, sie ist hübsch, und ist wohl gar fremd. — Und hübsche fremde Leute müssen gewarnet werden — Frauenzimmerchen, Frauenzimmerchen, nehmen sich sich vor dem Manne in acht! auf den Wirth zeigend.)

Wirth. Je, unvermuthete Freude! Herr Paul Werner! willkommen bey uns, willkommen! — Ach, es ist doch immer noch der lustige, spaßhafte, ehrliche Werner! — Sie soll sich vor mir in acht nehmen, mein schönes Kind! Ha, ha, ha!

Werner. Geh sie ihm überall aus dem Wege!

Wirth. Mir! mir! — bin ich denn so gefährlich? — Ha, ha, ha! — Hör sie doch, mein schönes Kind! wie gefällt ihr der Spaß?

Werner. Daß es doch immer seines gleichen für Spaß erklären, wenn man ihnen die Wahrheit sagt.

Wirth. Die Wahrheit! ha! ha, ha! — immer besser! Der Mann kann spassen! Ich gefährlich? — ich? — So vor zwanzig Jahren war was dran. Ja, ja, mein schönes Kind, da war ich gefährlich.

Wern. Potz Geck, und kein Ende! — Frauenzimmerchen, so viel Verstand wird sie mir wohl zutrauen, daß ich von der Gefährlichkeit nicht rede. Der Teufel hat ihn verlassen, aber es sind dafür sieben andere in ihn gefahren —

Wirth.

Ein Lustspiel.

Wirth. O hör sie doch, hör sie doch! Wie er das nun wieder so herum zu bringen weiß!— Spaß über Spaß, und immer was neues! O, es ist ein vortreflicher Mann, der Herr Paul Werner! — (zur Franciska ins Ohr) Ein wohlhabender Mann, und noch ledig. Er hat drey Meilen von hier einen schönen Freyhof. Der hat Beute gemacht im Kriege! — Und ist Wachtmeister bey unserm Herrn Major gewesen. O, das ist ein Freund von unserm Herrn Major! das ist ein Freund! der sich für ihn todschlagen ließe! —

Wern. Ja! und das ist ein Freund von meinem Major! das ist ein Freund, — den der Major sollte todschlagen lassen.

Wirth. Wie? was? — Ich kein Freund vom Herrn Major? — Nein, den Spaß versteh ich nicht.

Wern. Just hat mir schöne Dinge erzählt.

Wirth. Just? Ich dachts wohl, daß Just durch sie spräche. Just ist ein böser, garstiger Mensch. Aber hier ist ein schönes Kind zur Stelle; das kann reden; das mag sagen, ob ich kein Freund von dem Herrn Major bin? ob ich ihm keine Dienste erwiesen habe? Und warum sollte ich nicht sein Freund seyn? Ist er nicht ein verdienter Mann? Es ist wahr, er hat das Unglück gehabt, abgedankt zu werden; aber was thut das? der König kann nicht alle verdiente Männer kennen; und wenn er sie auch alle kennte, so kann er sie nicht alle belohnen.

Wern.

Wern. Das heißt ihn Gott sprechen! — Aber Just — freylich ist an Justen auch nicht viel besonders; doch ein Lügner ist Just nicht; und wenn das wahr wäre, was er mir gesagt hat —

Wirth. Ich will von Justen nichts hören! Wie gesagt: das schöne Kind hier mag sprechen! (zu ihr ins Ohr) Sie weiß, mein Kind; den Ring! — Erzähl sie es doch Herr Wernern. Da wird er mich besser kennen lernen. Und damit es nicht heraus kömmt, als ob sie mir nur zu gefallen rede; so will ich nicht einmal dabey seyn. Ich will nicht dabey seyn; ich will gehn; aber sie sollen mir es wieder sagen, Herr Werner, sie sollen mir es wieder sagen, ob Just nicht ein garstiger Verläumder ist.

Fünfter Auftritt.

Paul Werner. Franciska.

Wern. Frauenzimmerchen, kennt sie denn meinen Major?

Franc. Den Major von Tellheim? Ja wohl kenn ich den braven Mann.

Wern. Ist es nicht ein braver Mann? Ist sie dem Manne wohl gut? —

Franc. Vom Grund meines Herzens.

Wern. Wahrhaftig? Sieht sie, Frauenzimzimmerchen! nun kömmt sie mir noch einmal so schön vor. — Aber was sind denn das für Dienste, die der Wirth unserm Major will erwiesen haben?

Franc. Ich wüßte eben nicht; es wäre denn, daß er sich das Gute zuschreiben wollte, welches glücklicher Weise aus seinem schurkischen Betragen entstanden.

Wern. So wäre es ja wahr, was mir Just gesagt hat? — (gegen die Seite, wo der Wirth abgegangen.) Dein Glück, daß du gegangen bist! — Er hat ihm wirklich die Zimmer ausgeräumt? — So einem Manne, so einen Streich zu spielen, weil sich das Eselsgehirn eingebildet, daß der Mann kein Geld mehr habe! Der Major kein Geld?

Franc. So? hat der Major Geld?

Wern. Wie Heu! Er weiß nicht, wie viel er hat. Er weiß nicht, wer ihm schuldig ist. Ich bin ihm selber schuldig, und bringe ihm ein altes Restchen. Sieht sie, Frauenzimmerchen, hier in diesem Beutelchen (das er aus der einen Tasche zieht) sind hundert Louisdor; und in diesem Röllchen (das er aus der andern zieht) hundert Dukaten. Alles sein Geld!

Franc. Wahrhaftig? Aber warum versetzt denn der Major? Er hat ja einen Ring versetzt —

Wern. Versetzt? Glaub sie doch so was nicht. Vielleicht, daß er den Bettel hat gern wollen los seyn.

Franc.

Franc. Es ist kein Bettel! es ist ein sehr kostbarer Ring, den er wohl noch dazu von lieben Händen hat.

Wern. Das wirds auch seyn. Von lieben Händen; ja, ja! So was erinnert einen manchmal, woran man nicht gern erinnert seyn will. Drum schafft mans aus den Augen.

Franc. Wie?

Wern. Dem Soldaten gehts in Winterquartieren wunderlich. Da hat er nichts zu thun, und pflegt sich, und macht vor langer Weile Bekanntschaften, die er nur auf den Winter meynet, und die das gute Herz, mit dem er sie macht, für Zeit Lebens annimmt. Husch ist ihm denn ein Ringelchen an den Finger practicirt; er weiß selbst nicht, wie es daran kömmt. Und nicht selten gäb er gern den Finger mit drum, wenn er es nur wieder los werden könnte.

Franc. Ey! und sollte es wohl dem Major auch so gegangen seyn?

Wern. Ganz gewiß. Besonders in Sachsen; wenn er zehn Finger an jeder Hand gehabt hätte, er hätte sie alle zwanzig voller Ringe gekriegt.

Franc. (bey Seite) Das klingt ja ganz besonders, und verdient, untersucht zu werden — Nun, Herr Wachtmeister, hier habe ich ein Briefchen von dem Herrn Major an meine Herrschaft. Ich will es nur geschwind herein tragen, und bin gleich wieder da. Will er

wohl

wohl so gut seyn, und so lange hier warten? Ich möchte gar zu gern mehr mit ihm plaudern.

Wern. Plaudert sie gern, Frauenzimmerchen? Nun meinetwegen; geh sie nur; ich plaudre auch gern; ich will warten.

Franc. O, warte er doch ja! (geht ab.)

Sechster Auftritt.

Paul Werner.

Das ist kein unebenes Frauenzimmerchen! — Aber ich hätte ihr doch nicht versprechen sollen, zu warten. — Denn das Wichtigste wäre wohl, ich suchte den Major auf. — Er will mein Geld nicht, und versetzt lieber? — Daran kenn ich ihn. — Es fällt mir ein Schneller ein. — Als ich vor vierzehn Tagen in der Stadt war, besuchte ich die Rittmeisterinn Marloff. Das arme Weib lag krank, und jammerte, daß ihr Mann dem Major vierhundert Thaler schuldig geblieben wäre, die sie nicht wüßte, wie sie sie bezahlen sollte. Heute wollte ich sie wieder besuchen; — ich wollte ihr sagen, wenn ich das Geld für mein Gütchen ausgezahlt kriegte, daß ich ihr fünfhundert Thaler leihen könnte. — Denn ich muß ja wohl was davon in Sicherheit bringen, wenns in Persien nicht geht. — Aber sie war über alle Berge. Und ganz gewiß wird sie

sie den Major nicht haben bezahlen können. — Ja, so will ichs machen; und das je eher, je lieber. — Das Frauenzimmerchen mag mirs nicht übel nehmen; ich kann nicht warten. (geht in Gedanken ab, und stoßt fast auf den Major, der ihm entgegen kömmt.)

Siebenter Auftritt.

Von Tellheim. Paul Werner

v. Tellheim.

So in Gedanken, Werner?

Wern. Da sind sie ja! Ich wollte eben gehn, und sie in ihrem neuen Quartiere besuchen, Herr Major.

v. Tellh. Um mir auf den Wirth des alten die Ohren voll zu fluchen. Gedenke mir nicht daran.

Wern. Das hätte ich beyher gethan; ja. Aber eigentlich wollte ich mich nur bey ihnen bedanken, daß sie so gut gewesen, und mir die hundert Louisdor aufgehoben. Just hat mir sie wieder gegeben. Es wäre mir wohl freylich lieb, wenn sie mir sie noch länger aufheben könnten. Aber sie sind in ein neu Quartier gezogen, das weder sie, noch ich kennen. Wer weiß, wies da ist. Sie könnten ihnen da gestohlen werden; und sie müßten
ten

ten mir sie ersetzen; da hülfe nichts davor. Also kann ichs ihnen freylich nicht zu muthen.

v. Tellh. (lächelnd) Seit wenn bist du so vorsichtig, Werner?

Wern. Es lernt sich wohl. Man kann, heut zu Tage, mit seinem Gelde nicht vorsichtig genug seyn. — Darnach hatte ich noch was an sie zu bestellen, Herr Major; von der Rittmeisterinn Marloff; ich kam eben von ihr her. Ihr Mann ist ihnen ja vierhundert Thaler schuldig geblieben; hier schickt sie ihnen auf Abschlag hundert Dukaten. Das Uebrige will sie künftige Woche schicken. Ich mochte wohl selber Ursache seyn, daß sie die Summe nicht ganz schickt. Denn sie war mir auch ein Thaler achtzig schuldig; und weil sie dachte, ich wäre gekommen, sie zu mahnen, — wies denn auch wohl wahr war; — so gab sie mir sie, und gab sie mir aus dem Röllchen, daß sie für sie schon zu rechte gelegt hatte. — Sie können auch schon ihre hundert Thaler ein acht Tage noch missen, als ich meine paar Groschen. — Da nehmen sie doch! (reicht ihm die Rolle Dukaten.

v. Tellh. Werner!

Wern. Nun? warum sehen sie mich so starr an? — So nehmen sie doch, Herr Major! —

v. Tellh. Werner?

Wern. Was fehlt ihnen? Was ärgert sie?

v. Tellh. (bitter indem er sich vor die Stirne schlägt, und mit dem Fuße auftritt) Daß es —

— die vierhundert Thaler nicht ganz sind!

Wern. Nun, nun, Herr Major! Haben sie mich denn nicht verstanden?

v. Tellh. Eben weil ich dich verstanden habe! — Daß mich doch die besten Menschen heut am meisten quälen müssen!

Wern. Was sagen sie?

v. Tellh. Es geht dich nur zur Hälfte an! — Geh, Werner! (indem er die Hand, mit der ihm Werner die Dukaten reichet, zurück stößt.)

Wern. So bald ich das los bin!

v. Tellh. Werner, wenn du nun von mir hörst: daß die Marloffin, heute ganz früh, selbst bey mir gewesen ist,

Wern. So?

v. Tellh. Daß sie mir nichts mehr schuldig ist?

Wern. Wahrhaftig?

v. Tellh. Daß sie mich bey Häller und Pfennig bezahlt hat: was wirst du dann sagen?

Wern. (der sich einen Augenblick besinnt) Ich werde sagen, daß ich gelogen habe, und daß es eine schlechte Sache ums Lügen ist, weil man drüber ertappt werden kann.

v. Tellh. Und wirst dich schämen,

Wern. Aber der, der mich so zu lügen zwingt, was sollte der? Sollte er sich nicht auch schämen? Sehen sie, Herr Major; wenn
ich

ich sagte, daß mich ihr Verfahren nicht verdröße, so hätte ich wieder gelogen, und ich will nicht mehr lügen —

v. Tellh. Sey nicht verdrüßlich, Werner! Ich erkenne dein Herz und deine Liebe zu mir. Aber ich brauche dein Geld nicht.

Wern. Sie brauchen es nicht? Und verkaufen lieber, und versetzen lieber, und bringen sich lieber in der Leute Mäuler?

v. Tellh. Die Leute mögen es immer wissen, daß ich nichts mehr habe. Man muß nicht reicher scheinen wollen, als man ist.

Wern. Aber warum ärmer? — Wir haben, so lange unser Freund hat.

v. Tellh. Es ziemt sich nicht, daß ich dein Schuldner bin.

Wern. Ziemt sich nicht? — Wenn an einem heißen Tage, den uns die Sonne und der Feind heiß machte, sich ihr Reitknecht mit den Kantinen verloren hatte; und sie zu mir kamen und sagten: Werner hast du nichts zu trinken? und ich ihnen meine Feldflasche reichte, nicht wahr, sie nahmen und tranken, — Ziemte sich das? — Bey meiner armen Seele, wenn ein Trunk faules Wasser damals nicht oft mehr werth war, als alle der Quark! (indem er auch den Beutel mit den Louisdoren heraus zieht, und ihm beides hinreicht) Nehmen sie, lieber Major! bilden sie sich ein, es ist Wasser. Auch das hat Gott für alle erschaffen.

E 3 *v. Tellh.*

v. Tellh. Du marterſt mich; ich ſage: es ziemt ſich nicht, daß ich dein Schuldner bin; ich will dein Schuldner nicht ſeyn. Nehmlich in den Umſtänden nicht, in welchen ich mich ietzt befinde.

Wern. So, ſo! ſie wollen es verſparen, bis auf beßre Zeiten; ſie wollen ein andermal Geld von mir borgen, wenn ſie keines brauchen, wenn ſie ſelbſt welches haben, und ich vielleicht keines.

v. Tellh. Man muß nicht borgen, wenn man nicht wieder zu geben weiß.

Wern. Einem Manne, wie ſie, kann es nicht immer fehlen.

v. Tellh. Du kennſt die Welt! — Am wenigſten muß man ſodann von einem borgen, der ſein Geld ſelbſt braucht.

Wern. O ja, ſo einer bin ich! wozu braucht ichs denn? — Wo man einen Wachtmeiſter nöthig hat, giebt man ihm auch zu leben.

v. Tellh. Du brauchſt es, mehr als Wachmeiſter zu werden; dich auf einer Bahne weiter zu bringen, auf der, ohne Geld, auch der Würdigſte zurückbleiben kann.

Wern. Mehr als Wachmeiſter zu werden? Daran denke ich nicht. Ich bin ein guter Wachmeiſter; und dürfte leicht ein ſchlechter Rittmeiſter, und ſicherlich noch ein ſchlechterer General werden. Die Erfahrung hat man.

v. Tellh.

Ein Luſtſpiel. 71

v. Tellh. Mache nicht, daß ich etwas Un-rechtes von dir denken muß, Werner! Ich habe es nicht gern gehört, was mir Juſt geſagt hat. Du haſt dein Gut verkauft, und willſt wieder herumſchwärmen Laß mich nicht von dir glauben, daß du nicht ſowohl das Metier, als die wilde, lüderliche Lebensart liebeſt, die unglücklicher Weiſe damit verbunden iſt. Man muß Soldat ſeyn, für ſein Land; oder aus Liebe zu der Sache für die gefochten wird. Ohne Abſicht, heute hier morgen da dienen: heißt wie ein Fleiſcherknecht reiſen, weiter nichts.

Wer. Nun ja doch, Herr Major; ich will ihnen folgen. Sie wiſſen beſſer, was ſich gehört. Ich will bey ihnen bleiben. — Aber, lieber Major, nehmen ſie doch auch derweile mein Geld. Heut oder morgen muß ihre Sache aus ſeyn. Sie müßen Geld die Menge bekommen. Sie ſollen mir es ſodann mit Intereſſe wieder geben. Ich thu es ja nur der Intereſſen wegen.

v. Tellh. Schweig davon!

Wer. Bey meiner armen Seele, ich thu es nur der Intereſſen wegen!— Wenn ich manchmal dachte: wie wird es mit dir aufs Alter werden? wenn du zu Schanden gehauen biſt? wenn du nichts haben wirſt? wenn du wirſt betteln gehen müßen? So dacht ich wieder: Nein, du wirſt nicht betteln gehn; du wirſt zum Major Tellheim gehn; der wird ſeinen letzten Pfennig mit dir theilen; der wird dich zu tode füttern; bey dem wirst du als ein ehrlicher Kerl sterben können.

v. Tellh. (indem er Werners Hand ergreift) Und, Kammerad, das denkst du nicht noch?

Wer. Nein, das denk ich nicht mehr — Wer von mir nichts nehmen will, wenn ers bedarf, und ichs habe; der will mir auch nichts geben, wenn ers hat, und ichs bedarf. — Schon gut! (will gehen.)

v. Tellh. Mensch, mache mich nicht rasend! Wo willst du hin? (hält ihn zurück) Wenn ich dich nun auf meine Ehre versichere, daß ich noch Geld habe; wenn ich dir auf meine Ehre verspreche, daß ich dir es sagen will, wenn ich keines mehr habe; daß du der erste und einzige seyn sollst, bey dem ich mir borgen will: — Bist du dann zufrieden?

Wern. Muß ich nicht? — Geben sie mir die Hand darauf Herr Major.

v. Tellh. Da, Paul! — Und nun genug davon. Ich kam hieher, um ein gewisses Mädchen zusprechen —

Achter Auftritt.

Franciska (aus dem Zimmer des Fräuleins) v. Tellheim. Paul Werner.

Franciska (im heraustreten)

Sind sie noch da, Herr Wachmeister? — (indem sie den Tellheim gewahr wird) Und sie sind auch da, Herr Major? — Den Augenblick bin ich zu ihren Diensten. (geht geschwind wieder in das Zimmer.)

Neunter Auftritt.

v. Tellheim. Paul Werner.

v. Tellh. Das war sie! — Aber ich höre ja, du kennst sie, Werner?

Wern. Unsere Bekanntschaft ist noch blutjung. Sie ist vor heute. Aber junge Bekantschaft ist warm.

v. Tellh. Also hast du ihr Fräulein wohl auch schon gesehen?

Wern. Ist ihre Herrschaft ein Fräulein? Sie hat mir gesagt, sie kennten ihre Herrschaft.

v. Tellh. Aus Thüringen her.

Wern. Ist das Fräulein jung?

v. Tellh. Ja.

Wern. Schön?

v. Tellh.

v. Tellh. Sehr schön.

Wern. Reich?

v. Tellh. Sehr reich.

Wern. Ist ihnen das Fränlein auch so gut, wie das Mädchen, Das wäre ja vortreflich!

v. Tellh. Wie meynst du?

Zehnter Auftritt.

Franciska (wieder heraus, mit einem Briefe in der Hand) **v. Tellheim. Paul Werner.**

Franc. Herr Major —

v. Tellh. Liebe Franciska, ich habe dich noch nicht willkommen heissen können.

Franc. In Gedanken werden sie es doch schon gethan haben. Ich weiß, sie sind mir gut. Ich ihnen auch. Aber das ist gar nicht artig, daß sie Leute, die ihnen gut sind, so ängstigen.

Wern. (für sich) Ha, nun merk ich. Es ist richtig!

v. Tellh. Mein Schicksal, Franciska, — Hast du ihr den Brief übergeben?

Franc. Ja, und hier übergebe ich ihnen — (reicht ihm den Brief.)

v. Tellh. Eine Antwort? —

Franc. Nein, ihren eignen Brief wieder.

v. Tellh.

v. Tellh. Was? Sie will ihn nicht lesen?

Franc. Sie wollte wohl; aber — wir denken, daß das Briefschreiben für die nicht erfunden ist, die sich mündlich mit einander unterhalten können, sobald sie wollen.

v. Tellh. Welcher Vorwand! sie muß ihn lesen. Er enthält meine Rechtfertigung, — alle die Gründe und Ursachen —

Franc. Die will die Fräulein von Ihnen selbst hören, nicht lesen.

v. Tellh. Von mir selbst hören? Damit mich jedes Wort, jede Miene von ihr verwirre; damit ich in jedem ihrer Blicke die ganze Größe meines Verlusts empfinde? —

Franc. Ohne Barmherzigkeit! — Nehmen sie (sie giebt ihm den Brief) Sie erwartet sie um drey Uhr. Sie will ausfahren, und die Stadt besehen. Sie sollen mit ihr fahren.

v. Tellh. Mit ihr fahren?

Franc. Und was geben sie mir, so laß ich sie beide ganz allein fahren? Ich will zu Hause bleiben.

v. Tellh. Ganz allein?

Franc. In einem schönen verschloßnen Wagen.

v. Tellh. Unmöglich!

Frac. Ja, ja; im Wagen muß der Herr Major Katz aushalten; da kann er uns nicht entwischen. Darum geschicht es eben — kurz, sie kommen, Herr Major; und Punckte drey — nun? Sie wollten mich ja auch allein

lein sprechen. Was haben sie mir denn zu sagen? — Ja so, wir sind nicht allein. (indem sie Wernern ansieht)

v. Tellh. Ja Franciska; wir wären allein. Aber da das Fräulein den Brief nicht gelesen hat, so habe ich dir noch nichts zu sagen.

Franc. So? wären wir doch allein? Sie haben vor dem Herrn Wachmeister keine Geheimnisse? —

v. Tellh. Nein, keine.

Franc. Gleichwohl, dünkt mich, sollten sie welche vor ihm haben.

v. Tellh. Wie das?

Wern. Warum das Frauenzimmerchen?

Franc. Besonders Geheimnisse von einer gewissen Art — alle zwanzig, Herr Wachmeister? (indem sie beide Hände mit gespitzten Fingern in die Höhe hält)

Wern. St! st! Frauenzimmerchen, Frauenzimmerchen!

v. Tellh. Was heißt das?

Franc. Husch ists am Finger, Herr Wachmeister? (als ob sie einen Ring geschwind ansteckte)

v. Tellh. Was habt ihr?

Wern. Frauenzimmerchen, Frauenzimmerchen, sie wird ja wohl Spaß verstehen?

v. Tellh. Werner, du hast doch nicht vergessen, was ich dir mehrmal gesagt habe; daß man über einen gewissen Punckt mit dem Frauenzimmer nie scherzen muß.

Wern.

Wern. Bey meiner armen Seele, ich kanns vergessen haben! — Frauenzimmerchen, ich bitte —

Franc. Nun wenn es Spaß gewesen ist; das mal will ich es ihm verzeihen.

v. Tellh. Wenn ich denn durchaus kommen muß, Franciska: so mache doch nur, daß das Fräulein den Brief vorher noch lieset. Das wird mir die Peinigung ersparen, Dinge noch einmal zu denken, noch einmal zu sagen, die ich so gern vergessen möchte. Da, gieb ihr ihn! (indem er den Brief umkehrt, und ihr ihn zureichen will, wieder gewahr das er erbrochen ist) Aber sehe ich recht? Der Brief Franciska, ist ja erbrochen.

Franc. Das kann wohl seyn. (besieht ihn) Wahrhaftig er ist erbrochen. Wer muß ihn den erbrochen haben? Doch gelesen haben wir ihn wirklich nicht, Herr Major, wirklich nicht. Wir wollen ihn auch nicht lesen, denn der Schreiber kömmt selbst. Kommen sie ja; und wissen sie was, Herr Major? Kommen sie nicht so, wie sie da sind; in Stiefeln, nicht accomodirt. Sie sind zu entschuldigen; sie haben uns nicht vermuthet. Kommen sie in Schuen, und lassen sie sich accomodiren. — So sehen sie mir gar zu brav, gar zu soldatisch aus!

v. Tellh. Ich danke dir Franciska.

Franc. Wir wollen uns gleich auch putzen, und sodann essen. Wir behielten sie gern
zum

zum Essen, aber ihre Gegenwart möchte uns an dem Essen hindern; und sehen sie, so gar verliebt sind wir nicht, daß uns nicht hungerte.

v. Tellh. Ich geh! Franciska, bereite sie indeß ein wenig vor; damit ich weder in ihren noch in meinen Augen verächtlich werden darf. — Komm, Werner, du sollst mit mir essen.

Wern. An der Wirthstafel, hier im Hause? Da wird mir kein Bissen schmecken.

v. Tellh. Bey mir auf der Stube.

Wern. So folge ich ihnen gleich. Nur noch ein Wort mit dem Frauenzimmerchen.

v. Tellh. Das gefällt mir nicht übel! (geht ab)

Eilfter Auftritt.

Paul Werner. Franciska.

Franc. Nun, Herr Wachmeister? —

Wern. Frauenzimmerchen, wenn ich wieder komme, soll ich auch gepuhter kommen?

Franc. Komm er, wie er will, Herr Wachmeister; meine Augen werden nichts wider ihn haben. Aber meine Ohren werden desto mehr auf ihrer Hut gegen ihn seyn müssen — zwanzig Finger, alle voller Ringe! — Ey! ey, Herr Wachmeister!

Wern.

Wern. Nein, Frauenzimmerchen; eben das wollt ich ihr noch sagen: es fuhr mir nur so heraus! Es ist nichts dran. Man hat ja wohl an einem Ringe genug. Und hundert und aber hundertmal, habe ich den Major sagen hören: das muß ein Schurke von einem Soldaten seyn, der ein Mädchen anführen kann! — So denk ich auch Frauenzimmerchen. Verlaß sie sich darauf. — Ich muß machen, daß ich ihm nachkomme. — Guten Appetit, Frauenzimmerchen! (geht ab)

Franc. Gleichfalls Herr Wachmeister. Auf baldiges Wiedersehen. (ab ins Zimmer zurück)

Vierter Aufzug.

Erster Auftritt.

(Die Scene ist das Zimmer des Fräuleins)

Das Fräulein völlig und reich, aber mit Geschmack gekleidet. Franciska. (Sie stehen vom Tische auf, den ein Bedienter abräumt.)

Franc. Sie können unmöglich satt seyn, gnädiges Fräulein.

Fräul. Meinst du Franciska? vielleicht, daß ich mich nicht hungrig niedersetzte.

Franc. Wir haben ausgemacht, des Majors währender Mahlzeit nicht zu erwähnen. Aber wir hätten uns auch vornehmen sollen, an ihn nicht zu denken.

Fräul. Wirklich, ich habe an nichts, als an ihn gedacht. — Sein Brief, o sein Brief! Jede Zeile sprach den ehrlichen edlen Mann. Jede Weigerung mich zu besitzen, betheuerte mir seine Liebe. — Er wird es wohl gemerket haben, daß wir den Brief gelesen — Mag er doch; wenn er nur kömmt. Er kömmt doch gewiß? Bloß ein wenig zu viel Stolz, Franciska, scheint mir in seiner Aufführung zu seyn. Denn auch seiner Geliebten
ten

ten sein Glück nicht wollen zu danken haben, ist Stolz, unverzeihlicher Stolz! Wenn er mir diesen zu stark merken läßt, Franciska —

Franc. So wollen sie seiner entsagen?

Fräul. Ey sieh doch! Jammert er dich nicht schon wieder? Nein liebe Närrin, eines Fehlers wegen entsaget man keinem Manne. Nein aber die Lection, die ich ihm geben will, soll ihn wegen dieses Stolzes ein wenig martern. Du hast mich ja recht verstanden Franciska?

Franc. O ja; am besten aber wäre es, er ersparte sie uns.

Fräul. Du wirst sehen, daß ich ihn von Grund aus kenne. Der Mann, der mich jetzt mit allen Reichthümern verweigert, wird mich der ganzen Welt streitig machen, sobald er hört, daß ich unglücklich und verlassen bin.

Franc. (sehr ernsthaft) Und so was muß die feinste Eigenliebe unendlich kützeln.

Fräul. Sittenrichterin! Seht doch! vorhin ertappte sie mich auf Eitelkeit; jetzt auf Eigenliebe. — Doch, das will ich nun einmal so. Wo du mir diese Lust verdirbst; wo du nicht alles sagst und thust, wie wir es abgeredet haben! — Ich will dich schon allein mit ihm lassen; und dann — — Jetzt kömmt er wohl.

F Zwey=

Zwölfter Auftritt.

Paul Werner (der in einer steifen Stellung, gleichsam im Dienste, hereintritt) Das Fräulein. Franciska.

Franc. Nein, es ist nur sein lieber Wachmeister.

Fräul. Lieber Wachmeister? Auf wen bezieht sich dieses Lieber?

Franc. Gnädiges Fräulein, machen sie mir den Mann nicht verwirrt. — Ihre Dienerin, Herr Wachmeister; was bringen sie uns.

Wern. (geht, ohne auf die Franciska zu achten, zu dem Fräulein) Der Major von Tellheim läßt an das gnädige Fräulein von Barnhelm durch mich, den Wachmeister Werner, seinen unterthänigen Respect vermelden, und sagen, daß er sogleich hier seyn werde.

Fräul. Wo bleibt er denn?

Wern. Ihro Gnaden werden verzeihen; wir sind, noch vor dem Schlage drey, aus dem Quartier gegangen; aber da hat ihn der Kriegszahlmeister unterwegens angeredt; und weil mit der gleichen Herren des Redens immer kein Ende ist; so gab er mir einen Wink, dem gnädigen Fräulein den Vorfall zu rapportiren.

Fräul. Recht wohl, Herr Wachmeister. Ich wünsche nur, daß der Kriegszahlmeister

dem

dem Major etwas angenehmes möge zu sagen haben.

Wern. Das haben dergleichen Herren den Officieren selten — Haben ihro Gnaden etwas zu befehlen? (im Begriffe wieder zu gehen)

Franc. Nun, wo schon wieder hin, Herr Wachmeister? Hätten wir denn nichts miteinander zu plaudern?

Wern. (sachte zur Franciska, und ernsthaft) Hier nicht, Frauenzimmerchen. Es ist wider den Respect, wider die Subordination. — gnädiges Fräulein —

Fräul Ich danke für seine Bemühung, Herr Wachmeister — Es ist mir lieb gewesen, ihn kennen zu lernen. Franciska hat mir viel gutes von ihm gesagt. (Werner macht eine steife Verbeugung, und geht ab)

Dritter Auftritt.

Das Fräulein. Franciska.

Fräul. Das ist dein Wachmeister Franciska?

Franc. Wegen des spöttischen Tones habe ich nicht Zeit, dieses Dein nochmals aufzumutzen. — — Ja, gnädiges Fräulein, das ist mein Wachmeister. Sie finden ihn, ohne Zweifel ein wenig steif und hölzern. Jetzt kam er mir fast auch so vor. Aber ich merke wohl; er glaubte, vor ihr Gnaden, auf die Parade ziehen zu müſſen. Und wenn die Soldaten paradiren, — ja freylich ſcheinen ſie da mehr Drechslerpuppen, als Männer. Sie ſollten ihn hingegen nur ſehn und hören, wenn er ſich ſelbſt gelaſſen iſt! —

Fräul. Das müßte ich denn wohl —

Franc. Er wird noch auf dem Saale ſeyn. Darf ich nicht gehn, und ein wenig mit ihm plaudern?

Fräul. Ich verſage dir ungern dieſes Vergnügen. Du mußt hier bleiben, Franciska. Du mußt bey unſerer Unterredung gegenwärtig ſeyn. — Es fällt mir noch etwas bey (ſie zieht ihren Ring vom Finger) Da, nimm meinen Ring, verwahre ihn, und gieb mir des Majors ſeinen dafür.

Franc. Warum das?

Fräul. (indem Franciska den andern Ring hohlt) Recht weiß ich es ſelbſt nicht; aber mich dünkt, ich ſehe ſo etwas voraus, wo ich ihn brauchen könnte. — Man pocht — geſchwind gieb her! (ſie ſteckt ihn an) Er iſts!

Vierter Auftritt.

v. Tellheim, in dem nehmlichen Kleide, aber ſonſt ſo, wie es Franciska verlangt, das Fräulein, Franciska.

v. Tellh. Gnädiges Fräulein! Sie werden mein Verweilen entſchuldigen. —

Fräul.

Fräul. O, Herr Major, sogar militärisch wollen wir es mit einander nicht nehmen. Sie sind ja da! Und ein Vergnügen erwarten, ist auch ein Vergnügen. — Nun (indem sie ihm lächelnd ins Gesicht sieht) lieber Tellheim, waren wir nicht vorhin Kinder?

v. Tellh. Ja wohl Kinder, gnädiges Fräulein; Kinder, die sich sperren, wo sie gelassen folgen sollten.

Fräul. Wir wollen ausfahren, lieber Major, — die Stadt ein wenig zu besehen, — und hernach, meinem Oheim entgegen —

v. Tellh. Ach, Fräulein, warum haben sie meinen Brief nicht gelesen? Warum haben sie ihn nicht lesen wollen?

Fräul. Ihren Brief? Ja, ich erinnere mich, sie schickten mir einen. Was schreiben sie mir denn, lieber Tellheim? —

v. Tellh. Nichts, als was mir die Ehre befiehlt.

Fräul. Das ist, ein ehrliches Mädchen, die sie liebt, nicht sitzen zu lassen. Freylich befiehlt das die Ehre. Ja, könnten sie vielleicht eines so häßlichen Streiches fähig seyn, daß sie mich nun nicht wollten? Wissen sie, daß ich auf die Zeit meines Lebens beschimpft wäre? Meine Landesmänninnen würden mit Fingern auf mich weisen — „Das ist sie, „würde es heißen, das ist das Fräulein von „Barnhelm, die sich einbildete, weil sie „weil sie reich sey, den wackern Tellheim zu „be-

„ bekommen: als ob die wackern Männer „ für Geld zu haben wären! „ So würde es heißen: denn meine Landesmänninnen sind alle neidisch auf mich.

v. Tellh. Ja, ja, gnädiges Fräulein, daran erkenne ich ihre Landsmänninnen. Sie werden ihnen einen abgedankten, an seiner Ehre gekränkten Officier, einen Krippel, einen Bettler treflich beneiden.

Fräul. Und das alles wären sie? Lassen sie uns doch jedes näher beleuchten. — Verabschiedet sind sie? Ich glaubte, ihr Regiment sey blos untergesteckt worden. Wie ist es gekommen, daß man einen Mann von ihren Verdiensten nicht beybehalten hat?

v Tellh. Es ist gekommen, wie es hat kommen müssen. Die Großen haben sich überzeugt, daß ein Soldat aus Neigung für sie ganz wenig; aus Pflicht nicht vielmehr: aber alles seiner eignen Ehre wegen thut. Was können sie ihm also schuldig zu seyn glauben? Der Friede hat ihnen mehrere meines gleichen entbehrlich gemacht; und am Ende ist ihnen niemand unentbehrlich.

Fräul. Sie sprechen, wie ein Mann sprechen muß, dem die Großen hinwiederum sehr entbehrlich sind. Und niemals waren sie es mehr, als itzt. Ich sage den Großen meinen großen Dank, daß sie ihre Ansprüche auf einen Mann haben fahren lassen, den ich doch nur sehr ungern mit ihnen getheilet hätte. —

Ich

Ich bin ihre Gebietherinn, Tellheim; sie brauchen weiter keinen Herrn. — Sie verabschiedet zu finden, das Glück hätte ich mir kaum träumen laſſen! — Doch sie sind nicht blos verabschiedet, sie sind noch mehr. Ein Krippel: sagten sie? Nun, (indem sie ihn von oben bis unten betrachtet) der Krippel ist doch noch ziemlich ganz und gerade; — Lieber Tellheim, wenn sie auf den Verlust ihrer gesunden Gliedmaaßen betteln zu gehen gedenken: so prophezeye ich ihnen voraus, daß sie vor den wenigsten Thüren etwas bekommen werden; ausgenommen vor den Thüren der gutherzigen Mädchen, wie ich.

v. Tellh. Sie wollen lachen, mein Fräulein. Ich beklage nur, daß ich nicht mit lachen kann.

Fräul. Warum nicht? Lieber Major, das Lachen erhält uns vernünftiger, als der Verdruß. Der Beweis liegt vor uns. Ihre lachende Freundin beurtheilet ihre Umstände weit richtiger, als sie selbst. Weil sie verabschiedet sind, nennen sie sich an ihrer Ehre gekränkt: weil sie einen Schuß in dem Arme haben, machen sie sich zu einen Krippel. Ist das keine Uebertreibung? Ich wette, wenn ich ihren Bettler nun vornehme, daß auch dieser eben so wenig Stich halten wird. Sie werden einmal, zweymal, dreymal ihre Equipage verlohren haben; sie werden diesen und jenen Vorschuß, den sie im Dienste gethan,

than, keine Hoffnung haben, wiederzuerhalten; aber sind sie darum ein Bettler? Wenn ihnen auch nichts übrig geblieben ist, als was mein Oheim für sie mitbringt.

v. Tellh. Ihr Oheim, gnädiges Fräulein, wird für mich nichts mitbringen.

Fräul. Nichts, als die zweytausend Pistolen, die sie unsern Ständen so großmüthig vorgeschossen haben.

v. Tellh. Hätten sie doch nur meinen Brief gelesen, gnädiges Fräulein!

Fräul. Nun ja, ich habe ihn gelesen. Aber was ich über diesen Punkt darinn gelesen, ist mir ein wahres Räthsel. Unmöglich kann man ihnen aus einer edlen Handlung ein Verbrechen machen wollen. — Erklären sie mir doch, lieber Major —

v. Tellh. Sie erinnern sich, gnädiges Fräulein, daß ich Ordre hatte, in den Aemtern ihrer Gegend die Contribution mit der äußersten Strenge baar beyzutreiben. Ich wollte mir diese Strenge ersparen, und schoß die fehlende Summe selbst vor. —

Fräul. Ja wohl erinnere ich mich — Ich liebte sie um dieser That willen, ohne sie noch gesehen zu haben.

v. Tellh. Die Stände gaben mir ihren Wechsel, und diesen wollte ich, bey Zeichnung des Friedens, unter die zu ratihabirende Schulden eintragen lassen. Der Wechsel ward für gültig erkannt, aber mir ward das

Eigen-

Eigenthum desselben streitig gemacht. Man erklärte ihn für eine Bestechung, für das Gratial der Stände, weil ich mit ihnen auf die niedrigste Summe einig geworden wäre, mit der ich mich nur im äußersten Nothfall zu begnügen, Vollmacht hatte. So kam der Wechsel aus meinen Händen, und wenn er bezahlt wird, wird er sicherlich nicht an mich bezahlt. — Sie sind ernsthaft, mein Fräulein? Warum lachen sie nicht? Ha, ha, ha! Ich lache ja.

Fräul. O, ersticken sie dieses Lachen, Tellheim! Ich beschwöre sie! Es ist das schreckliche Lachen des Menschenhasses! Nein, sie sind der Mann nicht, den eine gute That reuen kann, weil sie üble Folgen für ihn hat. Nein, unmöglich können diese üble Folgen dauren! die Wahrheit muß an den Tag kommen. Das Zeugniß meines Oheims, aller unserer Stände —

v. Tellh. Ihres Oheims! Ihrer Stände! Ha, ha, ha!

Fräul. Ihr Lachen tödtet mich, Tellheim! Wenn sie an Tugend und Vorsicht glauben, Tellheim, so lachen sie so nicht! Ich habe nie fürchterlicher fluchen hören, als sie lachen. — Und lassen sie uns das Schlimmste setzen! Wenn man sie hier durchaus verkennen will: so kann man sie bey uns nicht verkennen. Nein, wir können, wir werden sie nicht verkennen, Tellheim. Doch ich bin nicht klug: was wäre das nöthig? Bilden sie sich ein, Tellheim, sie hätten die zweytausend Pistolen an einem wilden Abende verloren. Der König war eine unglückliche Karte für sie: die Dame (auf sich weisend) wird ihnen desto günstiger seyn. — Die Vorsicht, glauben sie mir, hält den ehrlichen Mann immer schadlos; und öfters schon im voraus. Die That, die sie eimal um zweytausend Pistolen bringen sollte, erwarb mich ihnen. Ohne diese That, würde ich nie begierig gewesen seyn, sie kennen zu lernen. Sie wissen, ich kam uneingeladen in die erste Gesellschaft, wo ich sie zu finden glaubte. Ich kam bloß ihrentwegen! Ich kam in dem festen Vorsatze, sie zu lieben, — ich liebte sie schon! — in dem festen Vorsatze, sie zu besitzen (Tellheim der in deß vertieft, und unbeweglich, mit starren Augen immer auf eine Stelle gesehen.) aber, woran denken sie? Sie hören mich nicht? wo sind sie Tellheim? — Nun ist es Zeit, daß wir abbrechen; — kommen sie! (Indem sie ihn bey der Hand ergreift.) — Franciska, laß den Wagen vorfahren.

v. Tellh. (der sich von dem Fräulein losreißt, und der Franciska nachgeht) Nein, Franciska; ich kann nicht die Ehre haben, das Fräulein zu begleiten. — Mein Fräulein lassen sie mir noch heute gesunden Verstand, und beurlauben sie mich. Sie sind auf dem besten Wege, mich darum zu bringen. — Aber
weil

weil ich noch bey Verstande bin: so hören sie, mein Fräulein, was ich fest beschlossen habe; wovon mich nichts in der Welt abbringen soll. — Wenn man mir das Meinige so schimpflich vorenthält, wenn meiner Ehre nicht die vollkommenste Genugthuung geschieht; so kann ich, mein Fräulein, der ihrige nicht seyn. Denn ich bin es in den Augen der Welt nicht werth, zu seyn. Das Fräulein von Barnhelm verdienet einen unbescholtenen Mann. Es ist eine nichtswürdige Liebe, die kein Bedenken trägt, ihren Gegenstand der Verachtung auszusetzen. Es ist ein nichtswürdiger Mann, der sich nicht schämet, sein ganzes Glück einem Frauenzimmer zu verdanken, dessen blinde Zärtlichkeit —

Fräul. Und das ist ihr Ernst, Herr Major? — (indem sie ihm plötzlich den Rücken wendet.) Franciska!

v. Tellh. Werden sie nicht ungehalten, mein Fräulein —

Fräul (bey Seite zur Franciska.) Jetzt wäre es Zeit! was räthst du mir, Franciska? —

Francis. Ich rathe nichts. Aber freylich macht er es ihnen ein wenig zu bunt —

v. Tellh. (Der sie zu unterbrechen kömmt.) Sie sind ungehalten, mein Fräulein —

Fräul. (höhnisch.) Ich? im geringsten nicht.

v. Tellh. Wenn ich sie weniger liebte, mein Fräulein —

Fräul.

Fräul. (noch in diesem Tone) O gewiß, es wäre mein Unglück! — Und sehen sie Herr Major, ich will ihr Unglück auch nicht. — Man muß ganz uneigennützig lieben. — Keines muß das andere, weder glücklicher noch unglücklicher machen. So will es die wahre Liebe! Ich glaube ihnen, Herr Major; und sie haben zu viel Ehre, als daß sie die Liebe verkennen sollten.

v. Tellh. Spotten sie, mein Fräulein?

Fräul. Hier! nehmen sie den Ring wieder zurück, mit dem sie mir ihre Treue verpflichtet (überreicht ihm den Ring.) Es sey drum! wir wollen einander nicht gekannt haben!

v. Tellh. Was höre ich?

Fräul. Und das befremdet sie? Nehmen sie, mein Herr. — Sie haben sich doch wohl nicht blos gezieret?

v. Tellh. (indem er den Ring aus ihrer Hand nimmt.) Gott! So kann Minna sprechen. —

Fräul. Sie können der Meinige in einem Falle nicht seyn; ich kann die Ihrige in keinem seyn. Ihr Unglück ist wahrscheinlich; meines ist gewiß — Leben sie wohl! (will fort.)

v. Tellh. Wohin, liebste Minna?

Fräul. Mein Herr, sie beschimpfen mich itzt mit dieser vertraulichen Benennung.

v. Tellh. Was ist ihnen, mein Fräulein? Wohin?

Fräul. Lassen sie mich. — Meine Thränen vor ihnen zu verbergen, Verräther! (geht ab.)

Fünf-

Fünfter Auftritt.

v. Tellheim, Franciska.

v. Tellh. Ihre Thränen? Und ich sollte sie lassen? (will ihr nach)

Francis. (die ihn zurückhält.) Nicht doch, Herr Major, sie werden ihr ja nicht in ihr Schlafzimmer folgen wollen?

v. Tellh. Ihr Unglück? Sprach sie nicht von Unglück?

Franc. Nun freylich; das Unglück, sie zu verlieren, nachdem

v. Tellh. Nachdem? was nachdem? Hierhinter steckt mehr. Was ist es, Franciska? Rede, sprich —

Francis. Nachdem sie, wollte ich sagen, ihnen so vieles aufgeopfert.

v. Tellh. Mir aufgeopfert?

Franc. Hören sie nur kurz. — Es ist für sie recht gut, Herr Major, daß sie auf diese Art von ihr los gekommen sind — Warum soll ich es ihnen nicht sagen? Es kann doch länger kein Geheimniß bleiben. — Wir sind entflohen! — Der Graf von Bruchsal hat das Fräulein enterbt, weil sie keinen Mann von seiner Hand annehmen wollte. Alles verließ, alles verachtete sie hierauf. Was sollten wir thun? Wir entschlossen uns denjenigen aufzusuchen, dem wir —

v. Tellh.

v. Tellh. Ich habe genug! — Komm, ich muß mich zu ihren Füßen werfen.

Franc. Was denken sie? Gehen sie vielmehr, und danken ihrem guten Geschicke —

v. Tellh. Elende! für wen hältst du mich? — Nein, liebe Franciska, der Rath kan nicht aus deinem Herzen. Vergieb meinem Unwillen!

Franc. Halten sie mich nicht länger auf. Ich muß sehen, was sie macht. Wie leicht könnte ihr was zugestoßen seyn. — Gehen sie! kommen sie lieber wieder, wenn sie wieder kommen wollen. (geht dem Fräulein nach.)

Sechster Auftritt.

v. Tellheim.

Aber, Franciska! — O, ich erwarte euch hier! — Nein, das ist dringender! — Wenn sie Ernst sieht, kann mir ihre Vergebung nicht entstehen. — Nun brauche ich dich ehrlicher Werner! — Nein, Minna, ich bin kein Verräther! (eilends ab.)

Fünf-

Fünfter Aufzug.

Erster Auftritt.

Die Scene, der Saal v. Tellheim von der einen, und Werner von der andern Seite.

v. Tellh. Ha, Werner! ich suche dich überall. Wo steckst du?

Werner. Und ich habe sie gesucht, Herr Major; so gehts mit dem Suchen. — Ich bringe ihnen gar eine gute Nachricht.

v. Tellh. Ach, ich brauche itzt nicht deine Nachrichten; ich brauche dein Geld. Geschwind, Werner, gieb mir so viel du hast; und denn suche soviel aufzubringen, als du kannst.

Werner. Herr Major? — Nun, bey meiner armen Seele, habe ichs doch gesagt: er wird Geld von mir borgen, wenn er selber welches zu verleihen hat.

v. Tellh. Halte mich nicht auf, Werner! Ich habe den guten Willen, dir es wieder zu geben; aber wenn und wie? — Das weiß Gott!

Werner.

Werner. Sie wissen es also noch nicht, daß die Hofstaatskasse Ordre hat, ihnen ihre Gelder zu bezahlen? Eben erfuhr ich es bey —

v. Tellh. Was plauderst du? Was lässest du dir weiß machen? Begreifst du denn nicht, daß, wenn es wahr wäre, ich es doch wohl am ersten wissen müßte? — Kurz, Werner, Geld, Geld!

Werner. Je nu, mit Freuden! hier ist was! — Das sind die hundert Louis'dor, und das die hundert Dukaten. — (giebt ihm beides.)

v. Tellh. Die hundert Louis'dor, Werner, geh und bringe Justen. Er soll sogleich den Ring wieder einlösen, den er heute früh versetzt hat. — Aber, wo wirst du mehr hernehmen, Werner? — Ich brauche weit mehr.

Werner. Dafür lassen sie mich sorgen. — Der Mann, der mein Gut gekauft hat, wohnt in der Stadt. Der Zahlungstermin wäre zwar in vierzehn Tagen; aber das Geld liegt parat, und ein halb Procentchen Abzug —

v. Tellh. Nun ja, lieber Werner! — Siehst du, daß ich meine einzige Zuflucht zu dir nehme? — Ich muß dir auch alles vertrauen. Das Fräulein hier, du hast sie gesehn, — ist unglücklich —

Werner. O Jammer!

v. Tellh. Aber morgen ist sie meine Frau —

Werner. O Freude!

v. Tellh. Und über morgen, geh ich mit ihr fort. Ich darf fort; ich will fort. Lieber
hier

hier alles im Stiche gelassen! Wer weiß, wo mir sonst ein Glück aufgehoben ist. Wenn du willst, Werner, so komm mit. Wir wollen wieder Dienste nehmen.

Werner. Wahrhaftig? — Aber doch wo Krieg giebt, Herr Major?

v. Tellh. Wo sonst? — Geh, lieber Werner, wir sprechen davon weiter.

Werner. O Herzensmajor! übermorgen? Warum nicht lieber morgen? — Ich will schon alles zusammenbringen. — In Persien, Herr Major, giebts einen treflichen Krieg; was meynen sie?

v. Tellh. Wir wollen das überlegen! geh nur, Werner! —

Werner. Juchhe! es lebe der Prinz Heraklius! (geht ab.)

Zweyter Auftritt.
Von Tellheim.

Wie ist mir? — Meine ganze Seele hat neue Triebfedern bekommen. Mein eignes Unglück schlug mich nieder; machte mich ärgerlich, kurzsichtig, schüchtern, läßig: ihr Unglück hebt mich empor, ich sehe wieder frey um mich, und fühle mich willig und stark, alles für sie zu unternehmen — Was verweile ich? (will nach dem Zimmer des Fräuleins.)

Dritter Auftritt.

Das Fräulein. Franciska. v. Tellheim.

Fräulein im Heraustreten, als ob sie den Major nicht gewahr würde.

Der Wagen ist doch vor der Thüre, Franciska? — Meinen Fächer! —

v. Tellh. (Auf sie zu.) Wohin, mein Fräulein?

Fräul. (mit einer affectirten Kälte.) Aus, Herr Major. — Ich errathe, warum sie sich nochmals her bemühet haben: mir auch meinen Ring wieder zurück zu geben. — Wohl, Herr Major; haben sie nur die Güte, ihn der Franciska einzuhändigen. — Franciska, nimm dem Herr Major den Ring ab! — Ich habe keine Zeit zu verlieren. (will fort.)

v. Tellh. (Der ihr vortritt.) Mein Fräulein! Ach, was habe ich erfahren, mein Fräulein! Ich war so vieler Liebe nicht werth.

Fräul. So, Franciska? du hast dem Herrn Major —

Franc. Alles entdeckt.

v. Tellh. Zürnen sie nicht auf mich, mein Fräulein. Ich bin kein Verräther. Sie haben um mich in den Augen der Welt viel verlohren, aber nicht in meinen. In meinen Augen haben sie unendlich durch diesen Verlust gewonnen. Er war ihnen noch zu neu; sie fürchteten, er möchte einen allzunachtheiligen Eindruck auf mich machen; sie wollten mir

mir ihn vors erste verbergen. Ich beschwere mich nicht über dieses Mißtrauen. Es entsprang aus dem Verlangen, mich zu erhalten. Dieses Verlangen ist mein Stolz! sie fanden mich selbst unglücklich; und sie wollten Unglück nicht mit Unglück häuffen. Sie konnten nicht vermuthen, wie sehr mich ihr Unglück über das meinige hinaussetzen würde.

Fräul. Alles recht gut, Herr Major! Aber es ist nun einmal geschehen. Ich habe sie ihrer Verbindlichkeit erlassen; sie haben durch Zurücknehmung des Ringes —

v. Tellh. In nichts gewilliget! — vielmehr halte ich mich itzt für gebundener, als jemals. — Sie sind die Meinige, Minna, auf ewig die Meinige. (zieht den Ring heraus) Hier empfangen sie es zum zweytenmale, das Unterpfand meiner Treue —

Fräul. Ich diesen Ring wieder nehmen? diesen Ring?

v. Tellh. Ja, liebste Minna, ja!

Fräul. Was muthen sie mir zu? diesen Ring.

v. Tellh. Diesen Ring nahmen sie das erstemal aus meiner Hand, als unser beyder Umstände einander gleich, und glücklich waren. Sie sind nicht mehr glücklich, aber wiederum einander gleich. Gleichheit ist immer das festeste Band der Liebe. — Erlauben sie, liebste Minna! (ergreift ihre Hand, um ihr den Ring anzustecken)

G 2   Fräul.

Fräul. Wie? mit Gewalt, Herr Major? — Nein, da ist keine Gewalt in der Welt, die mich zwingen soll, diesen Ring wieder anzunehmen! — — Meynen sie etwa, daß es mir an einem Ringe fehlt? O, sie sehen ja wohl, (auf ihren Ring zeigend) daß ich hier noch einen habe, der ihrem nicht das geringste nachgiebt? —

Franc. Wenn er es noch nicht merkt! —

v. Tellh. (indem er die Hand des Fräuleins fahren läßt) Was ist das? — Ich sehe das Fräulein von Barnhelm, aber ich höre es nicht. — Sie zieren sich, mein Fräulein. — Vergeben sie, daß ich dieses Wort nachbrauche.

Fräul. (in ihrem wahren Tone) Hat sie dieses Wort beleidiget, Herr Major?

v. Tellh. Es hat mir weh gethan.

Fräul. (gerührt) Das sollte es nicht, Tellheim. — Verzeihen sie mir, Tellheim.

v. Tellh. Ha, dieser vertrauliche Ton sagt mir, daß sie wieder zu sich kommen, mein Fräulein; daß sie mich noch lieben, Minna. —

Fräul. Ja, mein Herr; es wäre weibliche Eitelkeit, mich kalt und höhnisch zu stellen. Weg damit! sie verdienen es, mich eben so wahrhaft zu finden, als sie selbst sind. — Ich liebe sie noch, Tellheim, ich liebe sie noch; aber dem ohngeachtet —

v. Tellh. Nicht weiter, liebste Minna, nicht weiter! (ergreift ihre Hand nochmals; ihr den Ring anzustecken)

Fräul.

Ein Lustspiel.

Fräul. (die ihre Hand zurück zieht) dem ohngeachtet, — um so vielmehr werde ich dieses nimmermehr geschehen lassen. Wo denken sie hin, Herr Major? — Ich meynte, sie hätten an ihrem eigenen Unglücke genug. — Sie müssen hier bleiben; sie müssen sich die allervollständigste Genugthuung — ertrotzen. — Und sollte sie auch das äusserste Elend, vor den Augen ihrer Verleumder, darüber verzehren!

v. Tellh. So dacht ich, so sprach ich, als ich nicht wußte, was ich dachte, und sprach. Aergerniß und verbißene Wuth hatten meine ganze Seele umnebelt; die Liebe selbst, in dem vollesten Glanze des Glückes, konnte sich darinn nicht Tag schaffen. Aber sie sendet ihre Tochter, das Mitleid, die, mit dem finstern Schmerze Vertrauter, die Nebel zerstreuet, und alle Zugänge meiner Seele den Eindrücken der Zärtlichkeit wiederum öfnet. Lassen sie sich, mein Fräulein, das Wort Mitleid nicht beleidigen. Von der unschuldigen Ursache unsers Unglücks, können wir es ohne Erniedrigung hören. Ich bin diese Ursache; durch mich, Minna, verlieren sie Freunde und Anverwandte, Vermögen und Vaterland. Durch mich, in mir müssen sie alles dieses wieder finden, oder ich habe das Verderben der liebenswürdigsten ihres Geschlechts auf meiner Seele. — Nichts soll mich hier länger halten. Von diesem Augenblicke

blicke an, will ich dem Unrechte, das mir hier wiederfährt, nichts als Verachtung entgegen setzen. Ist dieses Land die Welt? Wo darf ich nicht hinkommen? Welche Dienste wird man mir verweigern? Und müßte ich sie unter dem entferntesten Himmel suchen: folgen sie mir nur getrost, liebste Minna; es soll uns an nichts fehlen. — Ich habe einen Freund, der mich gern unterstützet. —

Vierter Auftritt.
Ein Feldjäger. v. Tellheim. Das Fräulein. Franciska.

Francisca (indem sie den Feldjäger gewahr wird)
St! Herr Major. —

v. Tellh. (gegen den Feldjäger) zu wem wollen sie?

Feldjäg. Ich suche den Herrn Major von Tellheim. — Ach, sie sind es ja selbst. Mein Herr Major, dieses königliche Handschreiben (das er aus seiner Brieftasche nimmt) habe ich an sie zu übergeben.

v. Tellh. An mich.

Feldjäg. Zufolge der Aufschrift. —

v. Tellh. Ich bin ihnen für ihre Mühe sehr verbunden.

Feldjäg. Es ist meine Schuldigkeit, Herr Major. (geht ab)

Fünfter Auftritt.

v. Tellheim. Das Fräulein. Franciska.

v. Tellh. Ach, mein Fräulein, was habe ich hier? Was enthält dieses Schreiben?

Fräul. Ich bin nicht befugt, meine Neugierde so weit zu erstrecken.

v. Tellh. Wie? Sie trennen mein Schicksal noch von dem ihrigen? — Aber warum steh ich an, es zu erbrechen? — Es kann mich nicht unglücklicher machen, als ich bin; nein, liebste Minna, es kann uns nicht unglücklicher machen; — wohl aber glücklicher! — Erlauben sie, mein Fräulein! (er bricht und lieset den Brief, indeß daß der Wirth an die Scene geschlichen kömmt.)

Sechster Auftritt.

Der Wirth. Die Vorigen.

Wirth (gegen die Franciska.)

Bst! mein schönes Kind! auf ein Wort!

Franc. (die sich ihm nähert) Herr Wirth? — gewiß, wir wissen selbst noch nicht, was in dem Briefe steht.

Wirth. Wer will vom Briefe wissen? — Ich komme des Ringes wegen. Das gnädige Fräulein muß mir ihn gleich wieder geben. Just ist da, er soll ihn wieder einlösen.

Fräul. (die sich indeß gleichfalls dem Wirthe genähert.) Sagen sie Justen nur, daß er schon eingelöset sey; und sagen sie ihm nur von wem; von mir.

Wirth. Aber —

Fräul. Ich nehme alles auf mich; gehen sie doch! (Wirth geht ab.)

Siebenter Auftritt.

v. Tellheim. Das Fräulein. Franciska.

Franc. Und nun, gnädiges Fräulein, lassen sie es mit dem armen Major gut seyn.

Fräul. O, über die Vorbitterinn! Als ob der Knoten sich nicht von selbst lösen müßte.

v. Tellh. (nachdem er gelesen, mit der lebhaftesten Rührung.) Ha! er hat sich auch hier nicht verleugnet! — O, mein Fräulein! — Das ist mehr, als ich erwartet! Mehr, als ich verdiene! — Mein Glück, meine Ehre, alles ist wieder hergestellt! Ich träume doch nicht? (indem er wieder in den Brief sieht, als um sich nochmals zu überzeugen.) Nein, kein Blendwerk meiner Wünsche! Lesen sie selbst, mein Fräulein! lesen sie selbst!

Fräul.

Fräul. Ich bin nicht so unbescheiden, Herr Major.

v. Tellh. Unbescheiden? Der Brief ist an mich; an ihren Tellheim, Minna. Er enthält, — was ihnen ihr Oheim nicht nehmen kann. Sie müssen ihn lesen; lesen sie doch!

Fräul. Wenn ihnen ein Gefallen damit geschieht, Herr Major — (sie nimmt den Brief und lieset.) „Mein lieber Major von Tell=
„heim! Ich thue euch zu wissen, daß der
„Handel, der mich um eure Ehre besorgt
„machte, sich zu eurem Vortheil aufgekläret
„hat. Mein Bruder war des nähern da=
„von unterrichtet, und sein Zeugniß hat
„euch für mehr als unschuldig erkläret. Die
„Hofstaatskasse hat Ordre, euch den be=
„wußten Wechsel wieder auszuliefern, und
„die gethanen Vorschüße zu bezahlen; auch
„habe ich befohlen, daß alles, was die Feld=
„kriegskassen wider eure Rechnungen ur=
„giren, unterdrücket werde. Meldet mir,
„ob euch eure Gesundheit erlaubet, wieder
„Dienste zu nehmen. Ich möchte nicht gern
„einen Mann von eurer Bravour und Den=
„kungsart entbehren. Ich bin euer wohl=
„affektionirter König ꝛc. „

v. Tellh. Nun, was sagen sie hierzu, mein Fräulein?

Fräul. (indem sie den Brief wieder zusammen schlägt, und zurückgiebt.) Ich? nichts.

v. Tellh. Nichts?

Fräul. Doch ja: daß ihr König, der ein großer Mann ist, auch wohl ein guter Mann seyn mag. — Aber was geht mich das an? Er ist nicht mein König.

v. Tellh. Und sonst sagen sie nichts? Nichts von Rücksicht auf uns selbst?

Fräul. Sie treten wieder in seine Dienste: der Herr Major wird Oberstlieutenant, Oberster vielleicht. Ich gratuliere von Herzen.

v. Tellh. Und sie kennen mich nicht besser? — Nein, da mir das Glück soviel zurück giebt, als genug ist, die Wünsche eines vernünftigen Mannes zu befriedigen, soll es einzig von meiner Minna abhangen, ob ich sonst noch jemanden wieder zugehören soll, als ihr. Ihrem Dienste allein sey mein ganzes Leben gewidmet! Minna ist keine von den Eiteln, die in ihren Männern nichts als den Titel und die Ehrenstelle lieben. Sie wird mich um mich selbst lieben; und ich werde um sie die ganze Welt vergessen. — Morgen verbinde uns das heiligste Band; und sodann wollen wir um uns sehen, und wollen in der ganzen weiten bewohnten Welt den stillsten, heitersten, lachendsten Winkel suchen, dem zum Paradiese nichts fehlt, als ein glückliches Paar. Da wollen wir wohnen; da soll jeder unsrer Tage — Was ist ihnen, mein Fräulein? (die sich unruhig hin- und herwendet, und ihre Rührung zu verbergen sucht.)

Fräul.

Fräul. (sich fassend) Sie sind sehr grausam, Tellheim, mir ein Glück so reitzend darzustellen, dem ich entsagen muß. Mein Verlust —

v. Tellh. Ihr Verlust? Was nennen sie ihren Verlust? Alles, was Minna verliehren konnte, ist nicht Minna. Sie sind noch das süsseste, lieblichste, holdseligste, beste Geschöpf unter der Sonne! ganz Güte und Großmuth, ganz Unschuld und Freude! — Dann und wann ein kleiner Muthwille; hier und da ein wenig Eigensinn — Desto besser! Desto besser! Minna wäre sonst ein Engel, den ich mit Schaudern verehren müßte, den ich nicht lieben könnte. (ergreift ihre Hand, sie zu küssen.)

Fräul. (die ihre Hand zurück zieht) Nicht so, mein Herr! — Wie auf einmal so verändert? — Ist dieser schmeichelnde, stürmische Liebhaber der kalte Tellheim? — Konnte nur sein wiederkehrendes Glück ihn in dieses Feuer setzen? — Er erlaube mir, daß ich, bey seiner fliegenden Hitze, für uns beyde Ueberlegung behalte — Als er selbst überlegen konnte, hörte ich ihn sagen; es sey eine nichtswürdige Liebe, die kein Bedenken trage, ihren Gegenstand der Verachtung auszusetzen. — Recht! aber ich bestrebe mich einer eben so reinen und edeln Liebe, als er. — Jetzt, da sich ein großer Monarch um ihn bewirbt, sollte ich zugeben, daß er sich verlieb-

liebten Träumereyen mit mir überließe? Nein, Tellheim! Ich weise sie in die große Welt, auf die Bahn der Ehre zurück, ohne ihnen dahin folgen zu wollen. — Dort braucht Tellheim eine unbescholtene Gattinn! Ein Sächsisches verlauffenes Fräulein, das sich ihm an den Hals geworffen. —

v. Tellh. (auffahrend und wild um sich sehend) Wer darf so sprechen? — Ach, Minna, ich erschrecke vor mir selbst, wenn ich mir vorstelle, daß jemand anders dieses gesagt hätte, als sie. Meine Wuth gegen ihn würde ohne Gränzen seyn.

Fräul. Nun da! Das eben besorgte ich. Sie würden nicht die geringste Spötterey über mich dulden, und doch würden sie täglich die bittersten einzunehmen haben. — Kurz; hören sie also, Tellheim, was ich fest beschlossen, wovon mich nichts in der Welt abbringen soll. —

v. Tellh. Ehe sie ausreden, Fräulein. — Ich beschwöre sie, Minna! — überlegen sie es noch einen Augenblick, daß sie mir das Urtheil über Leben und Tod sprechen! —

Fräul. Ohne weitere Ueberlegung! — So gewiß ich ihnen den Ring zurückgegeben, mit welchem sie mir ehemals ihre Treue verpflichtet; so gewiß soll die unglückliche Barnhelm die Gattinn des glücklichen Tellheims nie werden!

v. Tellh.

v. Tellh. Und hiermit brechen sie den Stab, Fräulein!

Fräul. Gleichheit ist allein das feste Band der Liebe — Die glückliche Barnhelm wünschte, nur für den glücklichen Tellheim zu leben. Auch die unglückliche Minna hätte sich endlich überreden lassen, das Unglück ihres Freundes durch sich, es sey zu vermehren, oder zu lindern —

v. Tellh. Ist das wahr, mein Fräulein? — Ich danke ihnen, Minna, daß sie den Stab noch nicht gebrochen — nur den unglücklichen Tellheim? Er ist zu haben. (kalt) Ich empfinde eben, daß es besser seyn wird, wenn ich das, was man durch einen so schimpflichen Verdacht entehret hat, gar nicht wieder verlange. — Ja; ich will den Brief nicht bekommen haben. Das sey alles, was ich darauf antworte, und thue! (im Begriffe, ihn zu zerreissen.)

Fräul. (das ihm in die Hände greift) Was wollen sie, Tellheim?

v. Tellh. Sie besitzen.

Fräul. Halten sie!

v. Tellh. Fräulein, er ist unfehlbar zerrissen, wenn sie nicht bald sich anders erklären. —

Fräul. Beruhigen sie sich, Tellheim! — Ich werde nicht ganz ohne Schutz seyn, wenn ich schon die Ehre des ihrigen ausschlage. So viel muß mir immer noch werden, als die

Noth

Noth erfodert. Ich habe mich bey unserm Gesandten melden lassen. Hoffentlich wird er sich meiner annehmen. Die Zeit verfließt. Erlauben sie, Herr Major —

v. Tellh. Ich werde sie begleiten, gnädiges Fräulein. —

Fräul. Nicht doch, Herr Major; lassen sie mich —

v. Tellh. Eher soll ihr Schatten sie verlassen! Kommen sie nur, mein Fräulein, wohin sie wollen; zu wem sie wollen. Ueberall, will ich es erzehlen, welche Bande sie an mich verknüpfen, aus welchem grausamen Eigensinne, sie diese Bande trennen wollen —

Achter Auftritt.
Just. Die Vorigen.

Just. (mit Ungestüm.)

Herr Major! Herr Major!

v. Tellh. Nun?

Just. Kommen sie doch geschwind, geschwind!

v. Tellh. Was soll ich? zu mir her! Sprich, was ists?

Just. Hören sie nur — (redet ihm heimlich ins Ohr.)

Fräul. (indeß bey Seite zur Franciska) Merkst du was, Franciska?

Fran

Franc. O, sie Unbarmherzige! Ich habe hier gestanden, wie auf Kohlen!

v. Tellh. (zu Justen.) Was sagst du? — Das ist nicht möglich! — Sie? (indem er das Fräulein wild anblickt) — Sag es laut; sag es ihr ins Gesicht! — Hören sie doch, mein Fräulein! —

Just. Der Wirth sagt, das Fräulein von Barnhelm habe den Ring, welchen ich bey ihm versetzt, zu sich genommen; sie habe ihn für den ihrigen erkannt, und wollte ihn nicht wieder herausgeben. —

v. Tellh. Ist das wahr, mein Fräulein? — Nein, das kann nicht wahr seyn!

Fräul. (lächelnd) Und warum nicht, Tellheim? Warum kann es nicht wahr seyn?

v. Tellh. (heftig) Nun, so sey es wahr! — Welch schreckliches Licht, das mir auf einmal aufgegangen! Nun erkenne ich sie, die Falsche, die Ungetreue!

Fräul. (erschrocken) Wer? wer ist diese Ungetreue?

v. Tellh. Sie, die ich nicht mehr nennen will!

Fräul. Tellheim!

v. Tellh. Vergessen sie meinen Namen! — Sie kamen hierher, mit mir zu brechen. Es ist klar! Daß der Zufall so gern dem Treulosen zu staten kömmt! er führte ihnen ihren Ring in die Hände. Ihre Arglist wußte mir den Meinigen zuzuschanzen.

Fräul.

Fräul Tellheim, was für Gespenster sehen sie! Fassen sie sich doch, und hören sie mich.

Francis. (vor sich) Nun mag sie es haben.

Neunter Auftritt.

Werner (mit einem Beutel Geld) von Tellheim. Das Fräulein. Franciska Just.

Werner. Hier bin ich schon, Herr Major —

v. Tellh. (ohne ihn anzusehen) Wer verlangt dich? —

Werner. Hier ist Geld; tausend Pistolen!

v. Tellh. Ich will sie nicht!

Werner. Morgen können sie, über noch einmal so viel befehlen.

v. Tellh. Behalte dein Geld!

Werner. Es ist ja ihr Geld, Herr Major — Ich glaube, sie sehen nicht, mit wem sie sprechen?

v. Tellh. Weg damit! sag ich.

Werner. Was fehlt ihnen? — Ich bin Werner.

v. Tellh. Alle Güte ist Verstellung; alle Dienstfertigkeit Betrug.

Werner. Gilt das mir?

v. Tellh. Wie du willst!

Werner. Ich habe ja nur ihren Befehl vollzogen —

v. Tellh.

v. Tellh. So vollziehe auch den, und packe dich!

Werner. Herr Major! (ärgerlich) ich bin ein Mensch —

v. Tellh. Da bist du was rechts!

Werner. Der auch Galle hat —

v. Tellh. Gut! Galle ist noch das Beste, was wir haben.

Werner. Ich bitte sie, Herr Major, —

v. Tellh. Wie vielmal soll ich dir es sagen? Ich brauche dein Geld nicht!

Werner. (zornig) Nun so brauch es, wer da will! (indem er ihm den Beutel vor die Füsse wirft, und bey Seite geht.)

Fräul. (zur Franciska) Ach, liebe Franciska, ich hätte dir folgen sollen. Ich habe den Scherz zu weit getrieben. — Doch er darf mich ja nur hören — (auf ihn zugehend.)

Franc. (die ohne dem Fräulein zu antworten, sich Wernern nähert) Herr Wachmeister —

Werner. (mürrisch) Geh sie! —

Franc. Hu! was sind das für Männer!

Fräul. Tellheim! — Tellheim! (der vor Wuth an den Fingern naget, das Gesicht wegwendet, und nichts höret) Nein, das ist zu arg! — Hören sie mich doch! — sie betrügen sich! — ein blosses Mißverständniß, — Tellheim! — sie wollen ihre Minna nicht hören? — Können sie einen solchen Verdacht fassen? — Ich, mit ihnen brechen wollen? — Ich darum hergekommen? — Tellheim!

Zehnter Auftritt.

Zwey Bediente, nacheinander, von verschiedenen Seiten über den Saal lauffend. Die Vorigen.

Der eine Bed. Gnädiges Fräulein, Ihro Excellenz, der Graf! —

~~Der andere Bed.~~ Er kömmt, gnädiges Fräulein!

Franc. (die ans Fenster gelauffen) Er ist es! er ist es!

Fräul. Ist ers? O nun geschwind, Tellheim —

v. Tellh. (auf einmal zu sich selbst kommend) Wer? wer kömmt? Ihr Oheim, Fräulein? dieser grausame Oheim? Lassen sie ihn nur kommen; lassen sie ihn nur kommen! — Fürchten sie nichts! er soll sie mit keinem Blicke beleidigen dürffen! er hat es mit mir zu thun —

Fräul. Geschwind umarmen sie mich, Tellheim, und vergessen sie alles —

v. Tellh. Ha, wenn ich wüßte, daß sie es bereuen könnten! —

~~v. Tellh.~~ Nein, ich kann es nicht bereuen, mir den Anblick ihres ganzen Herzens verschaft zu haben! Ach, was sind sie für ein Mann! — umarmen sie ihre Minna, ihre glückliche Minna; aber durch nichts glücklicher, als durch sie! (sie fällt ihm in die Arme) und nun, ihm entgegen! —

v. Tellh.

v. Tellh. Wem entgegen?

Fräul. Dem besten ihrer unbekannten Freunde.

v. Tellh. Wie?

Fräul. Dem Grafen, meinem Oheim, meinem Vater, ihrem Vater — — meine Flucht, sein Unwille, meine Enterbung; — hören sie denn nicht, daß alles erdichtet ist? Leichtgläubiger Ritter!

v. Tellh. Erdichtet? Aber der Ring? der Ring?

Fräul. Wo haben sie den Ring, den ich ihnen zurückgegeben?

v. Tellh. Sie nehmen ihn wieder? — O, so bin ich glücklich! — Hier Minna! — (ihn herausziehend.)

Fräul. So besehen sie ihn doch erst! — O über die Blinden, die nicht sehen wollen! — Welcher Ring ist es denn? den ich von ihnen habe, oder den sie von mir? — Ist es denn nicht eben der, den ich in den Händen des Wirths nicht lassen wollen?

v. Tellh. Gott! was seh ich? was hör ich?

Fräul. Soll ich ihn nun wieder nehmen? soll ich? — Geben sie her, geben sie her! (reißt ihm ihn aus der Hand, und steckt ihm ihn selbst an den Finger) Nun? ist alles richtig?

v. Tell. Wo bin ich? — (ihre Hand küssend) O boshafter Engel! mich so zu quälen!

Fräul. Dieses zur Probe, mein lieber Gemahl, daß sie mir nie einen Streich spielen sollen, ohne daß ich ihnen nicht gleich darauf wieder einen spiele. — Denken sie, daß sie mich nicht auch gequälet hatten?

v. Tellh. Kaum kann ich mich erholen. — Wie wohl, wie ängstlich ist mir! so erwacht man plötzlich aus einem schreckhaften Traume!

Fräul. Wir zaudern — ich höre ihn schon.

Eilfter Auftritt.

Der Graf v. Bruchsall, von verschiedenen Bedienten und dem Wirthe begleitet. Die Vorigen.

Graf. (im Hereintreten.)

Sie ist doch glücklich angelangt? —

Fräul. (die ihm entgegen springt) Ach, mein Vater! —

Graf. Da bin ich, liebe Minna! (sie umarmend) Aber was, Mädchen? (indem er den Tellheim gewahr wird) vier und zwanzig Stunden erst hier, und schon Bekanntschaft, und schon Gesellschaft?

Fräul. Rathen sie, wer es ist? —

Graf. Doch nicht dein Tellheim?

Franc. Wer sonst, als er? — Kommen sie, Tellheim! (ihn dem Grafen zuführend.)

Graf. Mein Herr, wir haben uns nie gesehen. Aber bey dem ersten Anblicke glaubte ich

ich, sie zu erkennen. Ich wünschte, daß sie es seyn möchten! — Umarmen sie mich. — Sie haben meine völlige Hochachtung. Ich bitte um ihre Freundschaft. — Meine Nichte, meine Tochter liebet sie —

Fräul. Das wissen sie, mein Vater! — Und ist sie blind, meine Liebe?

Graf. Nein, Minna; deine Liebe ist nicht blind; aber dein Liebhaber — ist stumm.

v. Tellh. (sich ihm in die Arme werfend) Lassen sie mich zu mir selbst kommen, mein Vater! —

Graf. So recht, mein Sohn! Ich höre es; wenn dein Mund nicht plaudern kann, so kann dein Herz doch reden. — Ich bin sonst den Officieren von dieser Farbe, (auf Tellheims Uniform weisend) eben nicht gut. Doch sie sind ein ehrlicher Mann, Tellheim; und ein ehrlicher Mann mag stecken, in welchem Kleide er will, man muß ihn lieben.

Fräul. O, wenn sie alles wüßten! —

Graf. Was hinderts, daß ich nicht alles erfahre? — Wo sind meine Zimmer, Herr Wirth?

Wirth. Wollen Ihro Excellenz nur die Gnade haben, hier herein zu treten.

Garf. Komm Minna! Kommen sie Herr Major! (geht mit dem Wirthe, und den Bedienten ab.)

Fräul. Kommen sie, Tellheim!

v. Tellh. Ich folge ihnen den Augenblick, mein Fräulein. Nur noch ein Wort mit diesem Manne! (gegen Werner sich wendend.)

Fräul. Und ja ein recht gutes; mich dünkt, sie haben es nöthig, sie haben es nöthig. — Franciska, nicht wahr? (dem Grafen nach.)

Zwölfter Auftritt.

v. Tellheim. Werner. Just. Franciska.

v. Tellh. (auf den Beutel weisend, den Werner weggeworffen.)

Hier Just! — hebe den Beutel auf, und trage ihn nach Hause. Geh! (Just das mit ab.)

Werner, (der noch immer murrisch im Winkel gestanden, und an nichts Theil zu nehmen geschienen; indem er das hört) Ja, nun!

v. Tellh. (vertraulich, auf ihn zugehend) Werner, wenn kann ich die andern tausend Pistolen haben?

Werner. (auf einmal wieder in seiner guten Laune) Morgen, Herr Major, morgen —

v. Tellh. Ich brauche dein Schuldner nicht zu werden; aber ich will dein Rentmeister seyn. Euch gutherzigen Leuten sollte man allen einen Vormund setzen. Ihr seyd eine Art Verschwender. — Ich habe dich vorhin erzürnet, Werner! —

Wern.

Werner. Bey meiner armen Seele, ja! —
Ich hätte aber doch so ein Tölpel nicht seyn
sollen. Nun seh ichs wohl. Ich verdiente
hundert Fuchtel. Lassen sie mir sie auch schon
geben; nur weiter keinen Groll, lieber
Major! —

v. Tellh. Groll? — (ihm die Hand druckend)
Lies es in meinen Augen, was ich dir nicht
alles sagen kann. — Ha, wer ein besseres
Mädchen, und einen redlichern Freund hat,
als ich, den will ich sehen! — Franciska,
nicht wahr? (geht ab.)

Dreyzehnter Auftritt.
Werner. Franciska.

(Franciska vor sich.)

Ja gewiß, es ist ein gar zu guter Mann! —
So einer kömmt mir nicht wieder vor. —
Es muß heraus! (schüchtern und verschämt sich
Wernern nähernd) Herr Wachmeister —

Werner. (der sich die Augen wischt) Nu? —

Franc. Herr Wachmeister —

Wern. Was will sie denn, Frauenzimmerchen?

Frnc. Seh er mich einmal an, Herr
Wachmeister. —

Werner. Ich kann noch nicht; ich weiß
nicht, was mir in die Augen gekommen.

Franc. So seh er mich doch an!

Wern.

Werner. Ich fürchte, ich habe sie schon zu viel angesehen, Frauenzimmerchen! — Nun, da seh ich sie ja! Was giebts denn?

Franc. Herr Wachmeister, — — braucht er keine Frau Wachmeisterinn?

Werner. Ist das ihr Ernst, Frauenzimmerchen?

Franc. Mein völliger!

Werner. Zöge sie wohl auch mit nach Persien?

Franc. Wohin er will!

Werner. Gewiß? Holla, Herr Major! nicht groß gethan! Nun habe ich wenigstens ein eben so gutes Mädchen, und einen eben so redlichen Freund, als sie! — Geb sie mir ihre Hand, Frauenzimmerchen! Topp! — Ueber zehn Jahr ist sie Frau Generalin, oder Wittwe!

ENDE.

Nachricht.

Selbst der Verfasser dieses Stückes wird es nicht mißbilligen können, daß wir dasselbe hier etwas verändert abdrucken lassen. Einige Stellen die anstößig — wenigstens für uns — sind, mußten wegbleiben, und weil es sehr lang ist: so wurde es hin und wieder, so viel nothwendig schien, abgekürzt. Ohne diese Veränderung war es für unser Theater unbrauchbar: sollten wir aber deswegen ein so vortrefliches Stück verliehren, welches im eigentlichsten Verstande ein deutsches Originalstück heißen kann?